Sabine Krämer

Objektorientierte Software-Entwicklung

Entwicklung eines Vorgehensmodells

Bibliografische Information der Deutschen Nationalbibliothek:

Bibliografische Information der Deutschen Nationalbibliothek: Die Deutsche Bibliothek verzeichnet diese Publikation in der Deutschen Nationalbibliografie; detaillierte bibliografische Daten sind im Internet über http://dnb.d-nb.de/ abrufbar.

Copyright © 1995 Diplomica Verlag GmbH
Druck und Bindung: Books on Demand GmbH, Norderstedt Germany
ISBN: 9783838639918

http://www.diplom.de/e-book/219628/objektorientierte-software-entwicklung

Sabine Krämer

Objektorientierte Software-Entwicklung

Entwicklung eines Vorgehensmodells

Diplom.de

Sabine Krämer

Objektorientierte Software-Entwicklung
Entwicklung eines Vorgehensmodells

Diplomarbeit
an der Fachhochschule München
Fachbereich Betriebswirtschaft
Lehrstuhl für Prof. Dr. Rolf Lauser
Juni 1995 Abgabe

Diplom.de

Diplomica GmbH
Hermannstal 119k
22119 Hamburg

Fon: 040 / 655 99 20
Fax: 040 / 655 99 222

agentur@diplom.de
www.diplom.de

ID 3991

ID 3991
Krämer, Sabine: Objektorientierte Software-Entwicklung · Entwicklung eines
Vorgehensmodells
Hamburg: Diplomica GmbH, 2001
Zugl.: München, Fachhochschule, Diplomarbeit, 1995

Diplomica GmbH
http://www.diplom.de, Hamburg 2001
Printed in Germany

VORWORT

Bei der vorliegenden Arbeit handelt es sich um die Abschlußarbeit zur Erlangung des Grades eines Diplom-Betriebswirtes (FH).

Sie entstand aus einer Anregung von Herrn Prof. Dr. Rolf Lauser von der Fachhochschule München, sowie aus dem eigenen Interesse an dieser zukunftsweisende Technologie der Objektorientierten Softwareentwicklung. Das inhaltliche Ziel dieser Diplomarbeit, ist die Schaffung einer Basis für die Entwicklung und Einführung eines Vorgehensmodells für die Objektorientierte Softwareentwicklung.

Für die hervorragende fachliche Betreuung, für die großzügige Bereitstellung von Hilfsmitteln sowie für die zahlreichen positiven Anregungen in vielen Bereichen dieser Arbeit, danke ich Herrn Prof. Dr. Rolf Lauser herzlich.

An dieser Stelle möchte ich auch an Herrn Prof. Dr. Kern für seine Unterstützung bei der Literaturrecherche, sowie an Herrn Dipl. Inf. W. Simonis für seinen hilfreichen fachlichen Beistand meinen herzlichen Dank richten.

München, im Juni 1995

E/007/95

INHALT

1 DER WEG ZUR OBJEKTORIENTIERTEN SW-ENTWICKLUNG   4

1.1 Die Software-Krise   4

1.2 Software-Qualität   8

1.3 Der objektorientierte Ansatz   12

2 KONVENTIONELLE VORGEHENSMODELLE   16

2.1 Phaseninhalte bei konventioneller Software-Entwicklung   20

2.2 Das Wasserfallmodell   30

2.3 Prototyping   34

2.4 Das Spiralmodell   40

3 GRUNDLAGEN DER OBJEKTORIENTIERUNG   44

3.1 Konzepte und Prinzipien der Objektorientierung   44

   3.1.1 Objekte   44

   3.1.2 Klassen   46

   3.1.3 Methoden und Nachrichten   47

   3.1.4 Vererbung und Mehrfachvererbung   50

   3.1.5 Polymorphismus   53

   3.1.6 Dynamisches Binden   54

   3.1.7 Abstraktion   55

   3.1.8 Kapselung   56

4 OBJEKTORIENTIERTE SOFTWARE-ENTWICKLUNG   57

4.1 Objektorientierte Analyse   57

4.2 Objektorientiertes Design   64

4.3 Objektorientierte Implementierung   69

4.4 Ansatz eines objektorientierten Vorgehensmodells   73

4.5 Vorteile und Risiken objektorientierter Softwareentwicklung   85

5 FAZIT   89

BILDVERZEICHNIS   90

LITERATURVERZEICHNIS   91

1 Der Weg zur objektorientierten SW-Entwicklung

1.1 Die Software-Krise

Die steigende Rechnerleistung bei gleichzeitiger Miniaturisierung der Hardware, sowie der rapide Preisverfall auf dem Computermarkt haben die Ausweitung des EDV-Einsatzes in viele Lebensbereichen ermöglicht. Parallel zur Hardwareentwicklung steigen auch die Anforderungen an die Software. Softwareprojekte werden mit immer neueren, komplexeren Aufgaben und Problembereichen konfrontiert. Der Datenbedarf wird immer größer, und auch die Ansprüche an die Softwarequalität wie zum Beispiel Benutzerfreundlichkeit werden wichtiger.

Während auf der Hardware-Seite bei immer kleiner werdenden Rechnern immer höhere Rechenleistung verfügbar ist, wird die Software im wesentlichen noch so hergestellt wie vor 20 Jahren, die erzielten Produktivitäts- und Qualitätsverbesserungen sind eher bescheiden. Hinzu kommt, daß allgemein ein Anwendungsstau beklagt wird - der Bedarf an neuer Anwendungssoftware übersteigt bei weitem die Verfügbarkeit.

Im Bereich der Hardware, ist die letzte Dekade von einer Kostenreduktion um den Faktor 1000 charakterisiert.[1] Im Software-Bereich lassen sich keine ähnlich positiven Entwicklungen erkennen. Betrachtet man den Verlauf der Kostenverhältnisse zwischen Hard- und Software, so fällt die extreme Verschiebung der Kosten vom Hardware- zum Software-Bereich auf (siehe Bild 1.1).

---

[1] Zöller 1991, S.1.

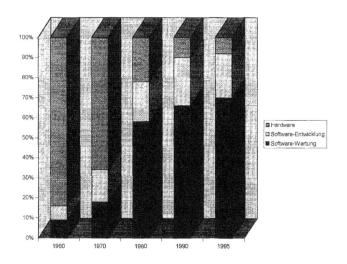

Bild 1.1: Entwicklung der Hardware- und Software-Kosten [1]

Wie aus Bild 1.1 zu entnehmen ist, haben sich die Software-Wartungskosten mehr und mehr zum bestimmenden Faktor in dem Preisgefüge entwickelt. Diese immer höheren Wartungskosten sind letztendlich auf eine unzureichende Qualitätssicherung während des Entwicklungsprozesses zurückzuführen Bisherige Qualitätssicherung überließ es nämlich der Nutzerphase, mehr als die Hälfte aller Fehler zu entdecken. In diesem Stadium ist aber jede Fehlerbehebung etwa 100 mal so teuer wie eine Fehlerbehebung unmittelbar nach Entstehung des Fehlers. Besonders die Mängel aus den Frühphasen Analyse und Entwurf zeichnen dafür verantwortlich, daß in etablierten EDV-Abteilungen 70 bis 90% der Programmiererkapazität mit Software-Wartung ausgebucht sind. [2]

---

[1] vgl. Zöller 1991, S. 1 in Verbindung mit Jamin 1994, S. 357

[2] vgl. Rothhardt 1987, S. 11

Die gegenwärtige Lage der Softwareprodukte ist nicht nur durch mangelnde Qualität (Zuverlässigkeit, Benutzerfreundlichkeit, Anpassungsfähigkeit, Wartbarkeit usw.) sondern auch durch folgendes gekennzeichnet:

- Überziehung der geplanten Kostensätze, zu hohe Entwicklungskosten
- zu lange Entwicklungszeiten, Überschreitung des Fertigstellungstermins
- schlecht ausgenutzte Maschinenkapazität
- Schwierigkeiten bei der Integration von Software-Bausteinen

Die langen Entwicklungszeiten, die Nichteinbeziehung des Anwenders bei der Softwareentwicklung sowie rasche Veränderungen im geschäftlichen Umfeld haben zur Folge, daß die im Unternehmen eingesetzte Software meistens schon veraltet ist bevor sie richtig zum Einsatz kommt. Außerdem ist die Software für gewöhnlich nicht so entwickelt, daß sie an zukünftige Anforderungen leicht angepaßt werden kann.

Studien zu diesem Problem haben gezeigt, daß in einigen Fällen weniger als 5% aller Software-Entwicklungsprojekte tatsächlich zum Einsatz kommen, der Rest wird zur Überarbeitung zurückgegeben, wird nach der Auslieferung aufgegeben oder niemals fertiggestellt.[1]

Die von Ott bedeutsam 'Teufelskreis der Software-Krise' genannte Lage in der sich die Software-Entwicklung derzeit befindet, läßt sich anschaulich anhand der schematischen Darstellung aus Bild 1.2 erklären.

---

[1] vgl. Taylor 1992, S. 14

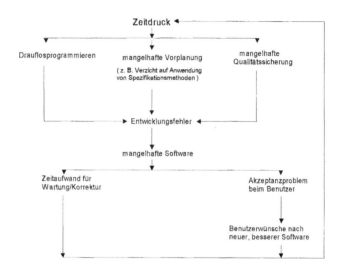

Bild 1.2: Teufelskreis der Software-Krise[1]

Durch den schon erwähnten Anwendungsstau wächst der Zeitdruck auf die Software-Entwickler; Planung und Vorüberlegungen werden minimiert, die Weiterbildung der Software-Entwickler in der Anwendung moderner Entwicklungsmethoden wird unterlassen, die (zeit- und kostenaufwendige) Qualitätssicherung wird vernachlässigt. Die entwickelten Produkte sind daher fehlerbehaftet und unvollständig. Dies führt zu zeitaufwendiger Fehlersuche und -behebung, sowie zu sinkender Akzeptanz seitens der Anwender, so daß die Entwicklung im Endeffekt noch länger dauert und den Zeitdruck vergrößert.

Nach Rothardt bedeutet Software-Krise, daß man Geld bezahlt für ein Produkt, das verspätet fertig wird, fehleranfällig und nutzerunfreundlich ist, und das

---

[1] Ott 1991, S. 9

nach Fertigstellung mehr Zeit und Geld für Nachbesserung verschlingt als vorher zu seiner Herstellung.[1]
Die genannten Probleme (und nicht etwa das Fehlen geeigneter Programmiersprachen, -werkzeuge oder geeigneter Hardware) sind die wesentliche Ursache der Software-Krise.

Vor etwa 10 Jahren wurden erste Versuche unternommen einen vollkommen neuen Ansatz für die Software-Entwicklung zu schaffen. Dieser 'objektorientiert' genannte Ansatz der auch zur Überwindung der Software-Krise beitragen soll, ist das Hauptthema der folgenden Kapitel.

1.2 Software-Qualität

Im Bereich der Software-Entwicklung ist der Qualitätsgedanke immer mehr in den Vordergrund gerückt. Dieses hängt einerseits damit zusammen, daß heute Anwendungen für Firmen und Privatpersonen immer wichtiger geworden sind, andererseits sind die Anwender und Kunden in ihren Forderungen und Erwartungen anspruchsvoller geworden. Hohe Software-Qualität ist also sowohl ein Ziel des Entwicklers, der sich dadurch die Konkurrenzfähigkeit am Markt bewahrt, als auch des Anwenders. Die Qualitätssicherung bei der Softwareentwicklung (konventionell oder objektorientiert) bezieht sich vor allem auf nachfolgende *Qualitätskriterien*:

Korrektheit
„Korrektheit ist die Fähigkeit von Software-Produkten, ihre Aufgaben exakt zu erfüllen, wie sie durch Anforderungen und Spezifikationen definiert sind."[2]

---

[1] vgl. Rothardt 1987, S. 11
[2] Meyer 1990, S. 3

Die Korrektheit einer Software ergibt sich aus dem Pflichtenheft. Wenn die darin enthaltenen Forderungen erfüllt werden, ist die Software korrekt. Dabei handelt es sich um das wichtigste Qualitätsattribut, da eine Software die nicht die gewünschte Funktionalität erfüllt (für den Auftraggeber) sinnlos ist.

Robustheit

„Robustheit heißt die Fähigkeit von Software-Systemen, auch unter außergewöhnlichen Bedingungen zu funktionieren."[1]
Während die Korrektheit sich auf die im Pflichtenheft genau beschriebenen Fälle bezieht, geht es bei der Robustheit um die Reaktion der Software auf unvorhergesehene Situationen (zum Beispiel fehlerhafte Eingaben).

Zuverlässigkeit

Die Zuverlässigkeit kann als Vereinigung von Korrektheit und Robustheit in einem Attribut angesehen werden.

Erweiterbarkeit (Anpassungsfähigkeit)

„Erweiterbarkeit bezeichnet die Leichtigkeit, mit der Software-Produkte an Spezifikationsänderungen angepaßt werden können."[2]
Dieses Qualitätskriterium kommt vor allem bei der Software-Wartung zum Tragen. Es bedeutet, daß die Software so entwickelt sein muß, daß Veränderungen möglich sind ohne andere Funktionen zu beeinträchtigen. Das heißt, daß die Software an neue, oder veränderte Anforderungen angepaßt werden kann.

Lesbarkeit

Dabei handelt es sich um die Verständlichkeit des Programmcodes, das heißt also „der Grad, in dem die Funktionen eines Produktes beim Lesen des Codes leicht erkannt werden können."[3] Es geht aber auch um die Lesbarkeit der da-

---

[1] Meyer 1990, S. 3
[2] Meyer 1990, S. 4
[3] Balzert 1982, S. 13

zugehörenden Dokumente wie beispielsweise die Dokumentation des Softwaresystems. Die Lesbarkeit eines Systems beeinflußt sowohl die Wartbarkeit als auch die Benutzerfreundlichkeit.

Wiederverwendbarkeit

„Die Wiederverwendbarkeit von Software-Produkten ist die Eigenschaft, ganz oder teilweise für neue Anwendungen wiederverwendet werden zu können."[1]

Das bedeutet, daß bei der Entwicklung einer Software für einen ähnlichen Problembereich, bereits existierende, getestete und somit fehlerfreie Software-Bausteine mit integriert werden können. Die Wiederverwendung von Software-Produkten ist eine sehr wichtige Maßnahme zur Senkung der Kosten des gesamten Software-Lebenszyklus.

Verträglichkeit (Kompatibilität)

„Kompatibilität ist das Maß der Leichtigkeit mit der Software-Produkte mit anderen verbunden werden können."[2]

Diese Eigenschaft bezieht sich auf die Fähigkeit verschiedener Software-Produkte miteinander zu kommunizieren.

Effizienz

„Effizienz ist der Grad, mit dem ein Computerprogramm seine vorgegebenen Funktionen unter Beanspruchung eines Minimums der Ressourcen des benutzten Rechners ausführt."[3]

Die Effizienz einer Software ist sehr eng mit dem Rechner oder Mikroprozessor verknüpft auf dem das Programm ausgeführt wird. In der Praxis muß Effizienz auf zwei Gruppen aufgeteilt werden, nämlich die Beanspruchung des Speichers durch den Programmcode und die verbrauchte Rechenzeit für die aktuelle Ausführung des Programms durch die Zentraleinheit (CPU) des Rechners.

---

[1] Meyer 1990, S. 5

[2] Meyer 1990, S. 5

[3] Thaller 1991, S. 83

Speziell überdimensionierte oder einfach nur schlecht programmierte Anwendersoftware kann wegen deren langen Ausführzeit und/oder des erheblichen Speicherbedarfs zu Akzeptanzproblemen bei den Anwendern führen.

Portabilität

„Portabilität ist das Maß der Leichtigkeit, mit der Software-Produkte auf verschiedenen Hardware- und Software-Umgebungen übertragen werden können."[1]

Dabei handelt es sich um ein Qualitätskriterium das vor allem für den Anwender (Kunden) von Nutzen ist, der nicht auf eine bestimmten Hard- beziehungsweise Softwareumgebung festgelegt werden will.

Testbarkeit

„Testbarkeit ist die Eigenschaft eines Computerprogramms, das Testen zu unterstützen und leicht möglich zu machen."[2]

Es sollen schon in den ersten Entwicklungsphasen (Analyse, Design) geeignete Testdaten zur Verfügung gestellt werden. Anhand dieser Daten können während des Tests Fehler erfolgreich ausgemerzt werden.

Benutzerfreundlichkeit

„Benutzerfreundlichkeit ist die Leichtigkeit mit der die Benutzung von Software-Systemen, ihre Bedienung, das Bereitstellen von Eingabedaten, die Auswertung der Ergebnisse und das Wiederaufsetzen nach Benutzungsfehlern erlernt werden kann."[3]

Dabei muß man immer von dem Menschen mit seinen Fähigkeiten und Beschränkungen ausgehen. Die Benutzerfreundlichkeit hängt mehr als viele andere Qualitätsfaktoren von der subjektiven Einstellung des Anwenders ab, dar-

---

[1] Meyer 1990, S. 6

[2] Thaller 1991, S. 87

[3] Meyer 1990, S. 6

aus ergibt sich auch ein Grund warum der Anwender bei der Softwareentwicklung mit einbezogen werden sollte.

Software-Qualitätsfaktoren müssen nicht komplementär sein, es gibt welche die
miteinander konkurrieren, beziehungsweise die gegensätzlich sind (zum Beispiel Effizienz und Portabilität, Zuverlässigkeit und Effizienz). Deshalb ist es
notwendig, die geforderten Qualitätsattribute am Projektbeginn projektspezi-
fisch zu bewertet, und als Ziele zu definieren.

Wird ein Softwaresystem objektorientiert entwickelt, werden bestimmte Qualitätsanforderungen leichter erreicht als durch die konventionelle Programmentwicklung. Die durch die Objektorientierung begünstigten Qualitätskriterien sind
vor allem: Korrektheit, Robustheit, Erweiterbarkeit, Wiederverwendbarkeit und
Verträglichkeit. Es handelt sich dabei vorrangig um die Eigenschaften, die Kosten (vor allem Wartungskosten) und Zeit des Software-Entwicklungsprojekts
positiv beeinflussen.

1.3 Der objektorientierte Ansatz

Die Techniken der Software-Entwicklung wurden schon in der Vergangenheit
verbessert. Als Beispiele können die modulare- und die strukturierte Programmierung genannt werden.

Die *modulare Programmierung* - große Programme werden in kleine Komponenten (Unterprogramme) zerlegt, die unabhängig voneinander konstruiert und
dann zu einem vollständigen Programm zusammengefügt werden - wurde in
den späten 60er Jahren von der *strukturierten Programmierung* abgelöst. Die
strukturierte Programmierung stützt sich auf die funktionale Zerlegung. Sie ist
eine Methode des Programmentwurfs, der Programmdokumentation und der
Programmierung nach der TOP-DOWN-Vorgehensweise.[1] Dabei wird jedes

---

[1] vgl. Stahlknecht 1989, S. 260

Programm hierarchisch bis auf die Ebene weitgehend voneinander unabhängiger Systembausteine, sogenannter Strukturblöcke zerlegt. Durch Anwendung strukturierter Methoden bei der Systementwicklung wurden zwar Qualitätsverbesserungen erzielt, aber die Software-Krise konnte dadurch nicht überwunden werden. Es wurde auch klar, daß es kaum möglich ist, das Design eines vollständigen Systems vorauszusehen bevor es tatsächlich implementiert worden ist.[1] Dieses führt vor allem bei großen Systemen dazu, daß Überarbeitungen notwendig werden. Dieses Umarbeiten des Systems ist sehr zeit- und kostenaufwendig und führt auch nicht unbedingt zu Qualitätssoftware.

Die Situation im Software-Bereich äußert sich weiterhin darin, daß die für ein Software-Projekt geplante Zeit, sowie die vorgesehenen finanziellen Mittel vielfach überschritten werden, was nicht selten zum Abbruch des Projektes führt.

In der Vergangenheit war die Betrachtung eines Software-Systems sehr stark durch das Denken in Funktionen geprägt.[2] Das ist sicher auch eine Folge davon, daß das Entwickeln von Software als Schreiben von Programmen gesehen wird, und ein Programm realisiert eben eine oder mehrere Funktionen. Man beschreibt ein System, indem man seine Funktionen aufzählt, spricht von seiner Funktionalität. In den 80-er Jahren haben die Daten eine zunehmend stärkere Beachtung erfahren. Indiz dafür ist die hohe Bedeutung die man Datenmodellen, relationalen Datenbanken, Data Dictionaries u.ä. beimißt.

Sowohl die funktionsorientierte als auch die datenorientierte Sicht haben ihren Sinn, aber sie vermitteln jeweils nur einen einseitigen und somit unvollständigen Blick auf ein System. Eine Methode, deren Wesen in einer organischen Verbindung von Daten und Funktionen liegt, wäre zur Beschreibung eines Softwaresystems genau das Richtige.

Die objektorientierte Software-Entwicklung, ein methodischer Ansatz der in den letzten Jahren ins Zentrum der Betrachtungen gerückt ist, stellt diese Verbin-

---

[1] vgl. Taylor 1992, S. 17
[2] vgl. Denert 1992, S. 59

dung dar. Dabei gibt es keine Trennung zwischen Daten und Operationen (Prozeduren). Es existieren nur mehr 'Objekte', die Daten und Prozeduren miteinander vereinen. Meyer nennt folgendes Motto der Objektorientierung:

„Frag nicht was das System tut: Frag WORAN es etwas tut !"[1]

Die Funktionen eines Systems sind wichtig, aber man sollte sich in erster Linie fragen auf welche Daten (Objekte) welche Operationen einwirken können. Der Grund für die Bevorzugung der Daten ist, daß die in einem Software-System vorkommenden Objekte - die aus Daten und deren Funktionalität bestehen- sich nur selten ändern, während eine Änderung seiner Funktionen für die Umgebung in die es eingebettet ist unter Umständen möglich (sehr wahrscheinlich) ist.[2]

Veränderte beziehungsweise erweiterte Anforderungen an ein Software-System, die zur Änderung seiner Funktionalität führen können, werden aus verschiedenen Gründen notwendig:

- der Auftraggeber kann seine Anforderungen bei Auftragsvergabe oft nicht vollständig beschreiben
- bei der Verwendung des Systems entstehen neue Wünsche
- während der Entwicklung oder bei der Anwendung des Systems ergeben sich zum Teil gravierende Modifikationen durch 'höhere Gewalt', wie zum Beispiel wegen Gesetzänderungen oder dem technologischen Fortschritt
- in Programmen können Fehler auftreten

Bei der objektorientierten Methode , wo die Objekte (Daten und Operationen) im Mittelpunkt stehen, werden von diesen Änderungen nur die Algorithmen der Methoden betroffen, die Schnittstellen zum restlichen System bleiben gleich.

---

[1] Meyer 1990, S. 54

[2] vgl. Hetzel-Herzog 1994, S. 4

Bei der herkömmlichen prozeduralen Art der Software-Entwicklung müssen Modifikationen unter Umständen an sehr vielen Stellen im Programm durchgeführt werden. Besonders bei großen Systemen ergibt sich dadurch ein unverhältnismäßig hoher Entwicklungsaufwand und die Gefahr neuer Fehler.

Durch die objektorientierte Software-Entwicklung wird auch die Kommunikation zwischen Auftraggeber (Anwender) und Entwickler leichter, und es kommt weniger oft zu Mißverständnissen. Der Grund dafür liegt darin, daß die objektorientierte Programmierung die Überlegung, daß ein Software-System den gegebenen Problemraum (Sicht des Auftraggebers) sozusagen '1:1' in den Programmen abbilden sollte, als Ausgangsposition nimmt. Das heißt, die Abläufe in der realen Welt haben dann Entsprechungen in der abstrakten Welt der Software. Die Überlegenheit der objektorientierten Methode gegenüber der herkömmlichen Methode, beruht also auch auf dessen Fähigkeit die Wirklichkeit abzubilden.

Die Objektorientierte Softwareentwicklung umfaßt weitere Konzepte und Prinzipien deren Anwendung zu Qualitätssoftware führt. Diese werden in Kapitel 3 vorgestellt und in Kapitel 4 wird ihre Anwendung verdeutlicht.

2 Konventionelle Vorgehensmodelle

Softwareentwicklungsvorhaben sind in der Regel durch folgende Eigenschaften charakterisiert:

- Zielvereinbarung (Die zu erreichenden Ziele sind zu Beginn des Entwicklungsvorhabens zu vereinbaren)
- Zeitliche Befristung (Anfangs- und Endzeitpunkt werden festgesetzt)
- Begrenzte Ressourcen (finanzielle-, personelle Ressourcen)
- Komplexität
- Unsicherheit (bezüglich der Erreichung der Ziele und der Einhaltung der vorgegebenen Termine und Kosten)
- Dynamik (die Umwelt und auch die Technik unterliegen zeitlicher Veränderung)
- Interdisziplinäre Zusammenarbeit (die Abstimmung von Fachspezialisten verschiedener Disziplinen ist notwendig)

Dabei handelt es sich um Merkmale die für *Projekte* bestimmend sind. Ein Softwareentwicklungsvorhaben ist also ein Projekt, das mit Projekten in anderen technischen Disziplinen wie beispielsweise mit dem Bau von Anlagen oder der Entwicklung eines Flugzeuges, Ähnlichkeiten aufweist. Es wurde erkannt, daß bei der Softwaresystementwicklung, wie auch bei der Durchführung technischer Projekte, die Anwendung des Projektmanagements unerläßlich ist. *Projektmanagement* umfaßt die Gesamtheit aller Tätigkeiten mit denen Projekte geplant, gesteuert, kontrolliert und koordiniert werden. Für Softwareprojekte hat sich das Projektmanagement mit der Veränderung der zugrunde gelegten Basiselemente (Modelle, Methoden, Verfahren, Softwareentwicklungstechniken) gewandelt. Während in den Anfängen unter Projektmanagement lediglich die Planung und Überwachung der Termine mit Hilfe der Netzplantechnik verstanden wurde, so umfaßt Projektmanagement heute „ein Führungskonzept, das unter Berüksichtigung personeller, technischer, terminlicher und finanzieller Randbedingungen Produktivität und Qualität der Softwareentwicklung sicherstellen soll."[1]

Das primäre Ziel des Projektmanagements ist es, das Softwareentwicklungsprojekt erfolgreich (d.h. mit den vorgesehenen personellen-, finanziellen-, technischen Ressourcen, innerhalb der festgesetzten Termine, mit einem Produkt der geforderten Qualität) abzuschließen.[2] Weitere Ziele sind die Minderung des Projektrisikos sowie die Verbesserung der Voraussetzungen für nachfolgende Projekte, beispielsweise durch die Entwicklung wiederverwendbarer Softwarebausteine und der Förderung der Mitarbeiterzufriedenheit.

Um den Forderungen des Projektmanagements gerecht zu werden ist bei der Durchführung von Softwareentwicklungsprojekten ein planmäßiges Vorgehen, d.h. das Vorgehen nach einem Vorgehensmodell, notwendig. Es wurden im Laufe der Zeit mehrere Vorgehensmuster vorgeschlagen. Am häufigsten wird bei Softwareentwicklungsprojekten ein Vorgehen nach dem Phasenmodell (auch Life-cycle-modell genannt) gewählt.

Bei einer Systementwicklung gemäß einem Phasenmodell wird der Entwicklungsprozeß in Teilschritte untergliedert in denen bestimmte Entwicklungsaktivitäten auszuführen sind. Diese Teilschritte werden Phasen genannt und sind durch ihre Hauptaktivitäten und ihre Ergebnisse (Dokumente) charakterisiert. Eine einheitliche Phaseneinteilung und -benennung gibt es nicht. Entsprechend den ungleichen Phasenbenennungen ist auch der Zeit- und Kostenaufwand für die Phasen unterschiedlich. Im allgemeinen benötigen die frühen Entwicklungsphasen: Analyse und Design, in denen der aktuelle Zustand des betreffenden Unternehmensbereichs untersucht wird, wo die Anforderungen an das zu entwickelnde System festgesetzt, und dessen Architektur entwickelt wird, etwa 60% des gesamten Zeitaufwands. Die eigentliche Programmierung und der Integrationstest machen nur etwa 30% des Zeitaufwands aus, während

---

[1] Busch 15/1992, Informatik-Spektrum, S. 253

[2] vgl. Frühauf 1988, S. 22

die restlichen 10% für die Einführung des Systems (beispielsweise Schulung der Anwender) benötigt werden.[1]

Durch die Einteilung in überschaubare Phasen, wird eine Strukturierung des Projektes vorgenommen; es wird Komplexität reduziert und das wiederum führt zur Verkleinerung des Projektrisikos. Das Softwareprojekt wird planbar, steuerbar, kontrollierbar und die Zuteilung von Verantwortlichkeiten wird möglich.

Beim Vorgehen nach einem Phasenmodell wird jede einzelne Phase, nach einem standardisiertem Phasenablaufmodell selbständig geplant, durchgeführt, kontrolliert und abgeschlossen.

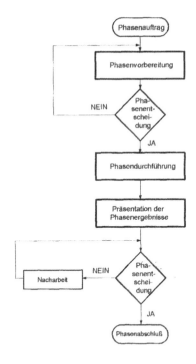

Bild 2.1: Phasenablaufplan[2]

---

[1] vgl. Spitschka 1994, S. 147

In Bild 2.1 wurde diesr Ablauf schematisch dargestellt. Es handelt sich im einzelnen um folgende Schritte:[1]

- *Phasenauftrag*: Der Phasenauftrag wird durch das der Projektgruppe übergeordnete Kontrollgremium, zur Erstellung der Phasenergebnisse vergeben.

- *Phasenvorbereitung*: Dieser Schritt umfaßt in erster Linie die Planung der Phase. Dabei wird der Zeit- und der Ressourcenbedarf der Projektgruppe, sowie die Aktivitäten, die zur Erreichung der Phasenziele durchgeführt werden müssen, geplant.

- *Phasendurchführung*: Hierbei werden die Phasenaktivitäten von der Projektgruppe durchgeführt und die Phasenergebnisse werden erreicht. Weitere Schritte der Phasendurchführung sind die Phasensteuerung und die Qualitätssicherung.

- *Präsentation der Phasenergebnisse*: Die erarbeiteten Ergebnisse werden dem übergeordneten Kontrollgremium präsentiert.

- *Phasenentscheidung (Meilensteinentscheidung)*: Eine Phasenentscheidung folgt nach der Phasenvorbereitung und auch nachdem die Phasenergebnisse präsentiert wurden. Nach der Phasenvorbereitung entscheidet das Kontrollgremium ob auf Basis der erfolgten Planung die inhaltliche Projektarbeit vollzogen werden kann. Nach der Präsentation der Phasenergebnisse wird entschieden ob eine Nacharbeit der Phase notwendig ist, ob eine Weiterführung oder der Abbruch des Projektes sinnvoll ist. Diese Entscheidungen fällt das übergeordnete Kontrollgremium aufgrund vorher durchgeführter Ergebnisüberprüfungen durch die Qualitätssicherung.

Dieser einheitliche Phasenablauf, wo lediglich die inhaltliche Projektarbeit (Projektdurchführung) von Phase zu Phase unterschiedlich ist, soll die Komplexität des Projektes und das damit verbundene Risiko weiter reduzieren.

---

[2]vgl. Platz 1986, S. 126 in Verbindung mit Spitschka 1994, S. 169

[1]vgl. Platz 1986, S. 125f in Verbindung mit Spitschka 1994, S. 168f

2.1 Phaseninhalte bei konventioneller Software-Entwicklung

Um einen Vergleich mit den Phaseninhalten bei objektorientierter Software-
entwicklung, die in Kapitel 4 beschrieben werden, zu ermöglichen, werden
nachfolgend beispielhaft die Phaseninhalte bei konventioneller Systementwicklung sequentiell dargestellt. Das beschriebene Phasenmodell besteht aus den
Phasen Projektbegründung, Analyse, Design, Implementierung und Wartung.

I. Projektbegründung

Bevor ein Softwareentwicklungsprojektes in Auftrag gegeben wird existiert eine
Projektidee. Diese resultiert meistens aus der Erkenntnis, daß die gegenwärtige Ist-Zustand des Unternehmens von einem gewünschten idealen Zustand
(Soll-Zustand) abweicht.
Der Softwareprojektvorschlag kann von verschiedenen Stellen kommen; von
der Datenverarbeitungsabteilung, von der Unternehmensleitung, von Anwendern, von Software- oder Hardwareherstellern usw. Eines haben Projektvor-
schläge gemeinsam: sie resultieren immer aus Erwartungen, die an das zu-
künftig eingesetzte Softwaresystem geknüpft werden, wie zum Beispiel:[1]

- Einsparung von Personal und Kosten,
- Steigerung des Umsatzes, und Erhaltung oder Vergrößerung der
  Marktanteile,
- Straffung von Arbeitsabläufen,
- Verkürzung der Bearbeitungszeiten für betriebliche Vorgänge,
- garantierte Korrektheit der Arbeitsergebnisse,
- Sicherung einer höheren Aktualität der Daten,

Die Phase der Projektbegründung, in der das Problem bzw. die Aufgabenstellung sowie einige Ziele formuliert und begründet werden, ist wichtig um eine

---

[1] vgl. Stahlknecht 1989, S. 228

Vorstellung über Inhalt, Umfang und Durchführung des Entwicklungsvorhabens zu gewinnen.[1]

Abgeschlossen wird diese Phase mit der Erteilung eines Projektauftrages. Dieser Projektauftrag enthält auch Angaben bezüglich des eingesetzten Personals, der Zuständigkeiten, sowie des Fertigstellungstermins. Als Leitfaden für die Projektvereinbarungen zwischen Vertragspartnern gilt die Norm DIN 69901 (Projektmanagement).

II. Analysephase

Die Analysephase beinhaltet die Teilschritte Ist-Analyse und die Erstellung eines Grobkonzepts:

⇒ *Ist-Analyse*

Die Ist-Analyse ist die Basis jedes Entwicklungsprojektes. Das Ziel der Ist-Analyse, ist die Ermittlung der Schwachstellen innerhalb der Organisation und die Erforschung deren Ursachen, wobei dann auf dieser Basis die Voraussetzungen für die Entwicklung eines neuen Softwaresystems geschaffen werden. In dieser Phase wird der gegenwärtige Zustand im Unternehmen erfaßt und beschrieben (Ist-Aufnahme), der daraus folgende Ist-Zustand wird analysiert und bewertet um darauffolgendin der Phase Grobentwurf ein Soll-Konzept entwickeln zu können.

Die *Ist-Aufnahme* beinhaltet:[2]

- Die Aufgabenstruktur des relevanten Unternehmensbereichs
  Dabei wird der Zweck dieses Bereiches im Rahmen des Gesamtunternehmens, also dessen Rolle bei der Verwirklichung der Unternehmensziele beschrieben. Diese Aufgabenstruktur ist aus einer „Oberaufgabe" abgeleitet und wird durch TOP-DOWN-Vorgehen in Unteraufgaben aufgegliedert.

---

[1] vgl.End 1990, S. 41

[2] vgl. Ott 1991, S. 98

- Die Aufbauorganisation des untersuchten Unternehmensbereiches.Hierbei werden die relevanten Stellen und ihre Schnittstellen zu internen und externen Stellen erfaßt.

- Die Ablauforganisation

  Bei den Arbeitsabläufen erfaßt man zum einen das Zeitgerüst das heißt die Reihenfolge in welcher die Vorgänge ablaufen müssen, die Abhängigkeiten zwischen den Vorgängen und die Dauer der einzelnen Vorgänge). Außerdem wird das Ressourcengerüst (erforderliche Aufwendungen bezüglich Personal und Material), die verursachten Kosten, sowie die erforderliche Kommunikationsstruktur und die für die Arbeitsabläufe nötigen Informationen aufgenommen.

Das Ergebnis der Ist-Aufnahme ist eine Beschreibung des aktuellen Zustandes des untersuchten Unternehmensbereiches.

Die *Ist-Analyse* zeigt die durch Mängel charakterisierten Schwachstellen des Ist-Zustandes auf und untersucht deren Ursachen. Insbesondere werden Schwachstellen aufgedeckt betreffend einem oder mehreren der folgenden Punkte:[1]

- der Aufgabenerfüllung (zum Beispiel: die Ergebnisse der Arbeitsabläufe weichen von den geforderten Ergebnissen ab, Maschinenkapazitäten bleiben unausgelastet)
- Folgeschäden (zum Beispiel: durch Qualitätsmängel werden die Kunden abgeschreckt und die Marktanteile sinken)
- der Wirtschaftlichkeit (zum Beispiel: zu hoher Materialverbrauch)

Die Ursachen für die zu beseitigenden Mängel sind in verschiedenen Bereichen zu finden wie zum Beispiel bei: den Sachmitteln, den Bearbeitern, den Daten, oder auch in der innerbetrieblichen Kommunikation.

---

[1] vgl. Stahlknecht 1989, S. 240 und Ott 1991, S. 103f

Nachdem die Mängel quantifiziert und monetär bewertet wurden, kann diese Phase mit der Bewertung des Ist-Zustandes beendet werden.

⇒ *Grobkonzept*

In dieser Phase, die weitgehend mit der Phase Systemdefinition bei Ott sowie der Definitionsphase bei Balzert übereinstimmt, ist ein Rahmenvorschlag (grobes Konzept) für das Anwendungssystem zu entwickeln.[1] Aus den Erkenntnissen der Ist-Analyse ergeben sich die Anforderungen an das zu entwickelnde Softwaresystem. Die Hauptaufgabe der Phase Grobkonzept ist es, diese Anforderungen an das System zu ermitteln, festzulegen, zu beschreiben, zu analysieren und zu verabschieden.[2] Außerdem werden in dieser Phase auch Angaben bezüglich der Projektkosten, der benötigten Ressourcen (Personal, Sachmittel) sowie ein grober Zeitplan für die Entwicklung und Einführung des Anwendungssystems gemacht. Aus diesen Anforderungen wird ein konsistentes, vollständiges Anforderungsdokument (Pflichtenheft) erstellt. Das *Pflichtenheft* (von einigen Autoren auch Systemdefinition, Leistungsverzeichnis oder Projektspezifikation genannt) ist in DIN 69901 als eine „ausführliche Beschreibung der Leistungen, die erforderlich sind oder gefordert werden, damit die Ziele des Projekts erreicht werden" definiert (DIN 1985 S. 386). Es stellt einen wichtigen Bestandteil eines Softwareentwicklungsvertrages dar, da darin rechtlich verbindlich erklärt wird welche Verpflichtungen der Softwareentwickler erfüllen muß und wie die Präsentation gegenüber dem Anwender auszusehen hat.

Das oder die in dieser Phase vorgeschlagenen alternativen Soll-Konzepte werden anschließend einer Durchführbarkeitsanalyse unterzogen. Der Sinn dieser Durchführbarkeitsanalyse liegt darin, daß festgestellt werden soll ob eine weitere Projektverfolgung unter den gegebenen personellen, technischen und organisatorischen Voraussetzungen überhaupt wirtschaftlich sinnvoll ist. Außer

---

[1] vgl. Ott 1991, S. 128ff und Balzert 1982, S. 95ff
[2] vgl. Balzert 1982, S. 95

einer Durchführbarkeitsanalyse, sind in der Phase Grobkonzept auch Wirtschaftlichkeitsvergleiche vorzunehmen. Dabei wird die alte mit den neuen Alternativen, sowie die neuen Alternativen untereinander bezüglich der verursachten Kosten oder auch hinsichtlich der Kosten/Nutzen-Relation verglichen.

Die Analysephase wird von verschiedenen Techniken und Methoden unterstützt. Erhebungstechniken sind zum Beispiel: Interview, Fragebogen, Unterlagenstudium, Konferenz, Beobachtung, Selbstaufschreibung etc. Einige Methoden der Ist-Analyse sind: ABC-Analyse, Wertanalyse, Grundlagenanalyse, Informationsanalyse, Checklistentechnik.[1] Eine übersichtliche Darstellung der Ergebnisse erfolgt mit Hilfe von traditionellen Darstellungstechniken wie: Datenflußpläne, Organigramme, Entscheidungstabellen, Netzpläne, Balkendiagramme, Tabellen, Präsentationsgrafiken.

Eine besondere Bedeutung kommt den „modernen" Methoden zu, die verschiedene Systemsichten darstellen und komplementär verwendet werden Dabei sind in erster Linie die datenorientierte Entity-Relationship-Modellierung (vorgestellt von Chen 1976) und die funktionsorientierte Strukturierte-Analyse (nach De Marco -1979- und Gane und Sarson -1979-) zu nennen.[2]

Zur Durchführung der Wirtschaftlichkeitsvergleiche werden Kosten- sowie Nutzenschätzmethoden wie zum Beispiel: Analogie-Methode, Function-Point-Methode, Nutzwertanalyse verwendet.

III. Designphase

Die Phase Design (weitgehende Übereinstimmung mit der Phase Systemkonstruktion bei Ott S. 166f sowie der Entwurfsphase bei Balzert S.186f.) basiert auf den im Pflichtenheft enthaltenen Anforderungen an das Anwendungssystem. Aus diesen Anforderungen wird ein softwaretechnisches-Konzept, im Sinne einer Systemarchitektur entwickelt, das die aktuellen Möglichkeiten der

---

[1] vgl. Ott 1991, S. 122
[2] vgl. Schader 1994, S. 5

Umsetzung (vorhandene Hard- und Software-Umgebung, Personalbedarf, Mittelbedarf etc.) miteinbezieht.

Dafür werden die Vorgaben aus der Phase Grobkonzept systematisch nach dem TOP-DOWN-Prinzip weiter detailliert und jede einzelne Teilaufgabe (Komponente) wird spezifiziert. Es müssen dabei eine Reihe von Punkten betrachtet werden. Die wichtigsten orientieren sich an der Datenstruktur und an den drei DV-technischen Funktionen Eingabe, Verarbeitung und Ausgabe (EVA-Prinzip[1]). Das Vorgehen spaltet sich in die Datenmodellierung und die Funktionsmodellierung auf.[2]

Bei der *Datenmodellierung* handelt es sich um die Festlegung, welche Daten eingegeben, verarbeitet und ausgegeben werden, wie diese Daten gespeichert werden sollen etc.

Die *Funktionsmodellierung* beschäftigt sich mit der detaillierten Spezifizierung der einzelnen Verarbeitungsschritte und Algorithmen, einschließlich ihrer physischen Realisierung als Module oder Programme.

In der Designphase werden Methoden und Verfahren wie: Entscheidungstabellen, relationale Datenmodelle, Entity Relationship-Methoden, Struktogramme, Programmablaufpläne, Petri-Netze, Pseudocode und/oder Strukturiertes Design (nach Yourdon und Constantine 1979 oder Page-Jones 1988), Jackson Structured Development (nach Jackson 1983) verwendet.[3]

IV. Implementierungsphase

Die Implementierungsphase umfaßt das eigentliche Herstellen des Softwaresystems (Programmierung, Test) sowie die anschließende Abnahme des Systems und seine Einführung.

---

[1] vgl. Stahlknecht 1989, S. 10

[2] vgl. Ott 1991, S. 170

[3] vgl. Ott 1991, S. 170f. und Schader 1994, S. 7

⇒ *Programmierung*

In der Phase Detailentwurf erfolgte eine detaillierte Spezifikation der einzelnen Komponenten des Systems. Der Zweck der Programmierung ist die Umsetzung dieser Spezifikation in Module, Makros und Programme mit Hilfe von Programmiersprachen, Übersetzern oder Generatoren.[1] Falls die aus der Phase Detailentwurf vorgegebenen Spezifikationen die gewünschte Ebene noch nicht erreicht haben, werden sie in dieser Phase ergänzt und detailliert. Nachdem alle Anweisungen der Spezifikation so detailliert wurden, daß sie direkt in die Syntax der ausgewählten Programmiersprache übersetzt werden können, erfolgt das Schreiben des Quellcodes und schließlich das Übersetzen und Testen des Codes mit bestimmten Testmethoden.

Es gibt verschiedene Kriterien zur Auswahl der Programmiersprache wie: Problemorientierung, Verfügbarkeit, Sprachstandard, Einfachheit, Unterstützung softwaretechnischer Prinzipien.[2] Bei der konventionellen Programmierung werden hauptsächlich Programmiersprachen der dritten (beispielsweise C oder COBOL) und der vierten Generation (beispielsweise SQL oder NATURAL) eingesetzt.

Die Programmierung muß wie auch die anderen Phasen der Systementwicklung systematisch, nach bestimmten Prinzipien und Methoden der Programmentwicklung ablaufen. Beim Detailentwurf wurde ein Vorgehen nach dem TOP-DOWN Prinzip vorgeschlagen. Die *strukturierte Programmierung* basiert auf dem gleichen Prinzip. Das Ziel der strukturierten Programmierung sind einfach und klar aufgebaute und somit gut verständliche Programme.[3]

Nachdem der Code geschrieben ist werden diese „Quellprogramme" mit Hilfe eines Compilers oder Interpreters übersetzt (dabei können Fehler erkannt und anschließend korrigiert werden) und anschließend gebunden. Das Ergebnis der Programmierung sind ausführbare beziehungsweise ablauffähige Programmodule.

---

[1] vgl. End 1990, S. 229
[2] vgl. Ott 1991, S. 246
[3] vgl. Denert 1992, S. 350

⇒ *Softwaretest*

Im Rahmen der Softwareentwicklung ist der *Test* als eine zentrale analytische Qualitätssicherungs-Maßnahme von Bedeutung. Der Zweck des Testens ist das Auffinden formaler und logischer Fehler im Programmablauf, das Überprüfen der Schnittstellen zwischen den Komponenten, sowie der Nachweis, daß das System die geforderten Leistungen erbringt.[1] Das Testen kann jedoch nicht die absolute Fehlerfreiheit garantieren.

Beim konventionellen Testen spricht man von einem *Schreibtischtest* und einem nachfolgenden *maschinellen Test.*

Der *Schreibtischtest (*vgl.: auch 'statische Analyse', Balzert S. 418f) umfaßt das manuelle Durchsehen des Quellcodes, beziehungsweise die Prüfung der Programmspezifikation , auf formale, logische und funktionale Fehler.

Der maschinelle Test (vgl.: auch 'dynamische Analyse', Balzert S. 419) wird als *Modultest* (es werden einzelne Module getestet) und als *Integrationstest* (es wird das Zusammenspiel der Module innerhalb des Programms getestet) ausgeführt. Der Test erfolgt anhand von speziell ausgewählten Testdaten, die entweder schon im Pflichtenheft angegeben, oder mit Hilfe von standardisierten Testdaten-Generatoren generiert werden.

Der Schreibtischtest und der maschinelle Test wird von den Programmierern durchgeführt.

Beim darauffolgenden *Systemtest* wird die Fachabteilung hinzugezogen. Dabei werden für Ein- und Ausgabedaten die endgültigen Erfassungsbelege, Bildschirmmasken, Vordrucke usw. verwendet.

Der *Abnahmetest* bildet den Abschluß des Softwaretests.[2] Dabei soll sich der Anwender (Auftraggeber) vergewissern, daß das System die spezifizierten Anforderungen erfüllt. Er bildet die letzte qualitätssichernde Maßnahme. Ist der Abnahmetest erfolgreich, kann das Softwaresystem eingeführt werden

---

[1] vgl. End 1990, S. 232

[2] vgl. Denert 1992, S. 379

⇒ *Systemeinführung*

Im letzten Teil der Implementierungsphase wird das System der auftraggebenden Fachabteilung zum routinemäßigen Einsatz übergeben. Hier wird es in seine Zielumgebung eingerichtet und in Betrieb genommen. Außer der Software wird jetzt auch die abgeschlossene Programmdokumentation übergeben, zusätzlich wird eine Versionsdokumentation angelegt, die für die anschließende Wartungsphase die Veränderungen in Systemkomponenten dokumentieren.[1]

V. Wartung

Mit der Systemeinführung ist das Software-Entwicklungsprojekt abgeschlossen, und die Nutzung des Systems beginnt. Da auch in dieser Phase Systementwicklungsaufgaben wahrzunehmen sind, beginnt gleichzeitig mit der Nutzung die Wartungsphase. In der Wartungsphase werden folgende Systementwicklungsaufgaben wahrgenommen.

- Es werden Fehler in der Software beseitigt, die während der Nutzung auftreten. Diese Fehler können sich in inkorrekten Ergebnissen oder in fehlenden Funktionen entsprechend den Anforderungen im Pflichtenheft ausdrücken.

- Das System wird angepaßt. Diese Anpassungsmaßnahmen werden nötig, da sich die Anforderungen an das Unternehmen und somit auch die die fachlichen und software-technischen Anforderungen an das Softwaresystem, im Laufe der Zeit ändern.

Die Aufgaben der Software-Wartung sind nicht vorhersehbar und daher schwer planbar und kontrollierbar. Bei konventionell entwickelten Softwaresystemen bilden die Wartungskosten den Hauptteil der Kosten aller Phasen des Software-Life-Cycle. Nach Balzert ist der Kostenanteil der Wartungskosten 67%

---

[1] vgl. Denert 1992, S. 265

aller Phasen.[1] Der Grund für diese erschreckende Tatsache liegt -wie in Kap. 1.1 beschrieben wurde an den erheblichen Mängeln der nach konventionellen Methoden und Verfahren entwickelten Softwaresystemen.

---

[1] vgl. Balzert 1982, S. 461

2.2 Das Wasserfallmodell

Barry Böhm beschrieb ein Vorgehensmodell das er Wasserfallmodell nannte, weil die Ergebnisse einer Phase wie bei einem Wasserfall in die nächste Phase fallen.[1] Die Originalversion dieses Modells wurde 1970 von Royce geschildert, und bereits früher (1966,1967) in verschiedenen Publikationen der U. S. Air Force und der Industrie angedeutet.

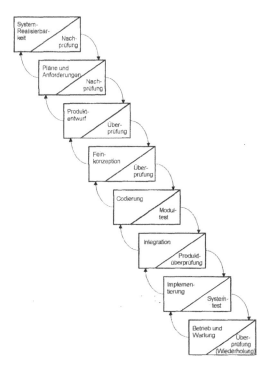

Bild 2.2: Das Wasserfallmodell[2]

---

[1] vgl.Boehm 1986, S. 30ff

[2] Boehm 1986, S. 31

Dieses Modell geht davon aus, daß sich der gesamte Software-Entwicklungsprozeß in mehrere Phasen unterteilen läßt. Alle Phasen werden sequentiell
durchlaufen. Das bedeutet, daß mit einer Phase erst dann begonnen wird,
wenn alle davor liegenden Phasen abgeschlossen sind.
Jede Phase wird durch ihr Ziel, ihren Inhalt, ihre Organisation und ihren Umfang definiert.[1]

Die Ziele der einzelnen Phasen des Wasserfallmodells lassen sich nach Böhm
folgendermaßen zusammenfassen:[2]

- Systemrealisierbarkeit: Definition eines bevorzugten Konzeptes eines Softwaresystems, sowie seine Durchführbarkeitsanalyse und den Vergleich mit
  alternativen Konzepten.

- Pläne und Anforderungen: Erstellen einer kompletten, korrekten Spezifikation der für das Softwaresystem erforderlichen Funktionen, Interfaces und
  Leistung.

- Produktentwurf: Erstellen einer kompletten, überprüften Spezifikation der
  gesamten Hardware-Software-Architektur, Kontrollstruktur und Datenstruktur
  des Produktes, mit sonstigen erforderlichen Komponenten wie Benutzer-
  Handbücher und Testpläne.

- Feinkonzeption: Erstellen einer kompletten, überprüften Spezifikation der
  Kontrollstruktur, Datenstruktur, Interface-Beziehungen, größenmäßiger Ein-
  ordnung, Schlüssel-Algorithmen und Annahmen für jedes Modul.

- Codierung: Erstellen eines kompletten, überprüften Satzes der Programm-
  Module.

- Integration: Erreichen eines richtig funktionierenden Softwaresystems, das
  aus den Software-Modulen besteht.

- Implementierung: Das Ziel der Implementierung ist ein voll funktionierendes
  operationales Hardware-Software-System, das Ziele wie Programm- und
  Datenumsetzung, Installation und Ausbildung einschließt.

---

[1] vgl. Witt 1992, S. 31
[2] vgl. Boehm 1986, S. 30f

- Wartung: Es soll ein voll funktionierendes Update des Hardware-Software-Systems entstehen. Dieses Teilziel wird bei jedem Update wiederholt.

Es reicht nicht, die Ziele zu kennen welche die einzelnen Phasen verfolgen; die Tätigkeiten deren Durchführung zum gewünschten Ziel führen, müssen auch definiert werden. Die Phasen werden in hierarchisch organisierte Checklisten von Aktivitäten zerlegt. Zu jeder Aktivität wird ein Ergebnisdokument erzeugt.

Jede Phase endet mit einer Qualitätskontrolle. Dabei wird nachgeprüft, ob die Zwischenprodukte ihre eigentlichen Ziele erfüllen. Im einzelnen handelt es sich dabei um die Überprüfung der:[1]

- Nachprüfbarkeit (Verifizierung)

  Feststellen, daß das Software-Produkt im Sinne der Spezifikation richtig entwickelt wurde.

- Richtigkeit (Validierung)

  Feststellung, daß das Software-Produkt im Sinne des Auftraggebers richtig ist (daß es sich für die vorgesehene Aufgabe eignet).

Bei mangelnder Qualität eines Phasenergebnisses erfolgt eine Wiederholung der zugehörigen Schritte. Es besteht auch die Möglichkeit einer Rückkopplung zur vorhergehenden Phase um Fehler, die in einer Phase auftraten, an Ort und Stelle zu erkennen und zu beseitigen. Diese Eigenschaft des Wasserfallmodells ist besonders für die frühen Phasen im Software-Lifecycle wichtig, denn die Kosten für eine Fehlerbeseitigung steigen von Phase zu Phase an. Eine unmittelbare Rückkopplung über mehrere Phasen hinweg, beispielsweise von der 'Feinkonzeption' zu 'Plänen und Anforderungen', ist allerdings nicht möglich, sie kann nur schrittweise von Phase zu Phase erfolgen.

---

[1] vgl. Schulz 4/1994, Angewandte Informatik, S. 137f und Boehm 1986, S. 32

Wenn das Wasserfallmodell mit einem Versionsmanagement verknüpft wird, in dessen Rahmen eine Weiterentwicklung des Produkts vorgenommen wird, so schließt es sich zu einem Lebenszyklusmodell (Life-cycle-modell) zusammen.[1] Das heißt, daß mit jeder neuen Version ein neues Projekt beginnt, in dessen Rahmen auf andere Voraussetzungen basierend das bisher vorliegende Produkt weiterentwickelt wird. Eine Änderung der Anforderung an die Software (Erweiterung, Anpassung) erfordert dann, daß der gesamte Entwicklungszyklus durchlaufen wird.

Ein erheblicher Vorteil bei einem Vorgehen nach dem Wasserfallmodell ist, daß die Komplexität des Projektes deutlich reduziert wird. Es ist eine bessere Projektstrukturierung möglich, was dem Projektmanagement die Projektplanung erleichtert.

Das Wasserfallmodell hat allerdings auch gravierende Nachteile die von verschiedenen Autoren genannt werden:[2]

- Es wird vom Anwender erwartet, daß er in den ersten beiden Phasen alle Anforderungen an das System vollständig und eindeutig erfaßt und festlegt. Aber gerade während der Durchführung eines Software-Projektes, entstehen bei den Anwendern durch die intensive Beschäftigung mit dem Problembereich Änderungswünsche und zusätzliche Anforderungen, mit deren Realisierung nicht bis zur nächsten Wartungsphase gewartet werden kann.
- Projekte folgen nicht unbedingt der sequentiellen Abfolge der Phasen Es treten häufig Iterationen auf, die in der Planung nicht leicht abzu bilden sind.
- Projekte halten nur selten die strenge Trennung zwischen je zwei Phasen ein.

---

[1] vgl. Raasch 1991, S. 412

[2] vgl. Raasch 1991, S. 413, Hickersberger 1993, S. 50, Hesse 3/1994, Information Management, S. 22

- Das Software-Produkt ist erst nützlich anwendbar, wenn es vollkommen fertiggestellt ist. Weder der Anwender noch das Management kann sich ein Bild von der Qualität des Systems machen, bevor es fertiggestellt ist. Der Anwender hat keine Chance, sich graduell an die neue Arbeitsweise mit dem System zu gewöhnen.

- Obwohl das ganze Projektteam fieberhaft am Ergebnis arbeitet und obwohl ständig Dokumente erzeugt werden, hat man kein zuverlässiges Kriterium für den tatsächlichen Projektstand. Es entsteht ein Sicherheitsgefühl, weil permanent Dokumente erzeugt werden. Deren Qualität kann aber meistens nicht abschließend beurteilt werden. Man erkennt trotz aller fertiggestellten Dokumente nicht die Größenordnung des Berges, der noch vor einem liegt.

- Es kann immer nur ein Schritt in der Phasenhierarchie zurückgegangen werden. Wenn ein Fehler aus einer früheren Phase (zum Beispiel Anforderung) erst in einer späteren Phase entdeckt wird (zum Beispiel Integration), steigt der Aufwand für die Änderung drastisch an.

- Die Einteilung in Phasen, deren Eingrenzung und strenge Hierarchie ist problematisch. Daraus resultiert der Bedarf an spezialisiertem Personal für Analyseaufgaben, Designaufgaben usw., der zusätzlich noch zentralen Koordinationsaufwand mit sich bringt.

2.3 Prototyping

Prototyping ist ein Entwicklungsmodell, das seit einigen Jahren im Rahmen der Software-Entwicklung untersucht wird. Bei diesem Vorgehen versucht man, den Benutzer in den Software-Entwicklungsprozeß einzubinden. Dadurch soll der Weg zwischen seinen wechselnden und ungenauen Anforderungen und der Realisierung verkürzt werden. Einige Probleme, die bei einer Software-Entwicklung nach dem oben beschriebenen Wasserfallmodell auftreten, können dabei vermieden werden.

Verallgemeinert bedeutet Prototyping „zielgerichtetes Experimentieren in allen Phasen des Lifecycles unter Einschluß der Benutzer, um das Entwicklungsrisiko - nämlich das falsche Produkt zu entwickeln - zu minimieren."[1] Das Ergebnis jedes Prototyping-Schrittes ist der Prototyp. Ein *Prototyp* ist eine ablauffähiges Modell (frühe Version) des zu entwickelnden Zielsystems. Der Prototyp enthält einige oder alle Leistungsmerkmale der Endversion. Prototypen sind nicht gleichzusetzen mit Modellen, da in Modellen die Leistungen des fertigen Produktes nicht enthalten sondern nur abgebildet sind.

In der Kommunikation zwischen Entwickler, Benutzer und Management dienen Prototypen der Diskussion eines Problems, der Klärung einer Frage oder der Vorbereitung einer Entscheidung.

Das Schlagwort *Rapid Prototyping* kam im Zusammenhang mit den Programmiersprachen der vierten Generation auf.[2] Rapid Prototyping wurde als ein neues Allheilmittel angepriesen das Phasenmodelle und Spezifikationen überflüssig mache. Bei dieser Art des Prototyping kann man mit Hilfe von Tools (zum Beispiel Maskengeneratoren, Editoren) Prototypen sehr schnell erstellen. Dieses sind sogenannte 'Wegwerf-Prototypen', die zwar dem Wissenserwerb dienen, aber nicht in die Produktion übernommen werden dürfen.

Mittlerweile gab es nicht nur erfolgreiche, sondern auch gescheiterte Projekte die auf diesem Vorgehen basieren, die Schlußfolgerung daß Rapid Prototyping überschätzt wurde liegt nahe. Dieses Vorgehensmodell ersetzt keinesfalls die herkömmlichen Phasenmodelle.

Es gibt verschiedene Arten des Prototyping. In Anlehnung an Floyd werden folgende Ziele des Prototyping unterschieden:[3]

---

[1] Schulz 4/1994, Angewandte Informatik, S. 140

[2] vgl. Spitta 1989, S. 4

[3] vgl. Spitta 1989, S. 5 und Küback 15/1992, Informatik-Spektrum, S. 67

1. Exploratives Prototyping

Dabei wird mit Hilfe von Prototypen ein Medium geschaffen, das zur Kommunikation mit dem Anwender eingesetzt wird. Dadurch wird die Ermittlung der wirklich relevanten Anforderungen erleichtert und beschleunigt. Exploratives Prototyping wird angewandt, wenn die Problemstellung unklar ist.

2. Experimentelles Prototyping

Beim experimentellen Prototyping werden durch Versuche unbekannte Eigenschaften eines technischen Systems ermittelt. Einerseits sollen die Benutzer im Experiment ihre Vorstellung von der DV-Lösung weiter detaillieren, andererseits erhalten die Entwickler eine Grundlage für die Einschätzung der Machbarkeit und Zweckmäßigkeit eines Anwendungssystems. Hier steht die Kommunikation zwischen Benutzer und Entwickler über technische und softwareergonomische Fragen im Vordergrund.

3. Evolutionäres Prototyping

Bei dieser Art des Prototyping wird das System inkrementell entwickelt. Es handelt sich um einen stufenweisen Übergang vom explorativen, sehr simplen Prototyp bis zum Zielprodukt. Dabei wird Prototyping nicht nur als Hilfsmittel innerhalb eines einzelnen Entwicklungsprojektes eingesetzt, sondern es ist ein kontinuierliches Verfahren, um ein Anwendungssystem an sich rasch verändernde Rahmenbedingungen anzupassen. Im Fall des evolutionären Prototyping, ist Prototyping gleich Software-Entwicklung da die letzte Version des Prototypen dem zu entwickelnden Softwaresystem 1:1 entspricht.

Bei der Software-Entwicklung nach dem Prototyping-Modell findet eine Vermischung von Anforderungsanalyse, Entwurf, Implementierung und Bewertung statt, siehe Bild 2.3.

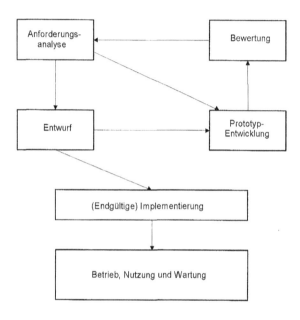

Bild 2.3: Prototyping[1]

Es wird mit der Anforderungsanalyse begonnen, aber bevor diese vollständig abgeschlossen ist wird der Prototyp entworfen und implementert. Die Anforderungsanalyse findet parallel zu Entwurf und Implementierung statt, wobei die Bewertung des Prototyps jeweils berücksichtigt wird.

Der Prototyp wird sowohl vom zukünftigen Benutzer, als auch vom Software-Entwickler bewertet. Der Benutzer kann prüfen, ob seine Anforderungen an das

---

[1] Witt 1992, S. 36

zu entwickelnde System vom Entwickler richtig aufgenommen wurden. Der Software- Entwickler kann prüfen, ob der Systemaufbau sinnvoll und prinzipiell möglich ist.

Wesentliche Vorteile von Prototyping sind:[1]

- Die Benutzer müssen die Anforderungen an das System nicht mehr vollständig in der ersten Projektphase formulieren (sich darauf festlegen). Anforderungsänderungen oder -erweiterungen können weitgehend berücksichtigt werden. Vor allem exploratives beziehungsweise experimentelles Prototyping erhöhen die Möglichkeit der Anforderungsermittlung beträchtlich.

- Der Benutzer muß nicht auf die Fertigstellung des Gesamtsystems warten, er hat die Möglichkeit mit verschiedenen Versionen von Systemeigenschaften (den Prototypen) zu experimentieren und sie zu bewerten. Diese Bewertung fließt in die Weiterentwicklung ein.

- Vor allem das evolutionäre Prototyping gibt dem Software-Entwickler die Möglichkeit, auch komplexe Software-Systeme Schritt für Schritt zu modellieren und zu entwerfen, und dadurch die Komplexität auf die einzelnen Schritte zu verteilen; damit kann die Entwicklung schneller, einfacher und fehlerfreier erfolgen.

- Böhm hat empirisch nachgewiesen, daß Prototyping zur Erhöhung der Wirtschaftlichkeit und zur Qualitätsverbesserung von interaktiver Software beiträgt.

Wie schon angedeutet, kann Prototyping nicht als „Allheilmittel" angesehen werden, es weist wie auch das Wasserfallmodell wesentliche Mängel auf.[2]

- Prototypen sollen Fragen beantworten und Entscheidungen vorbereiten. Es müssen weiterhin sorgfältig schriftliche Spezifikationen erstellt werden.

---

[1] vgl. Ott 1991, S. 281f und Spitta 1989, S. 5

[2] vgl. Stahlknecht 1989, S. 282 und Ott 1991, S. 282

- Es besteht die Gefahr, daß der durch Rapid Prototyping erzeugte Wegwerf-Prototyp, der lediglich zur Sammlung von Erfahrung benutzt werden soll, in die Produktion übernommen wird.

- Wenn der erste (nicht sorgfältig geplante) Prototyp zu weit von den Anforderungen entfernt ist, wenden sich die Benutzer von vornherein ab ("der erste Eindruck zählt"), und es ist schwierig später die Akzeptanz für das "richtige" System zu erreichen.

- Prototyping eignet sich nicht für alle Typen von Software.

Prototyping muß systematisch und werkzeuggestützt erfolgen. Ein Software-System kann nicht durch reines Versuch-und-Irrtum-Vorgehen ('trial and error') entwickelt werden. Es ist sinnvoll, Prototyping in ein klassisches Phasenkonzept (zum Beispiel das Wasserfallmodell) zu integrieren, in dem es beispielsweise die Entwurfsphase im herkömmlichen Stil ablöst.

2.4 Das Spiralmodell

Das sogenannte Spiralmodell wurde 1986 von Böhm als eine Weiterentwicklung des Wasserfallmodells vorgeschlagen. Dieses Modell, von einigen Autoren auch evolutionäres Vorgehensmodell genannt (Ott, Witt, Angewandte Informatik), beschreibt einen spiralförmigen Ablauf des Lebenszyklus, der den iterativen Entwicklungsprozess gut abbilden kann.[1] Während das Wasserfallmodell mit der Dokumentation der Einzelphasen arbeitet, wird das Spiralmodell mittels Risikoanalyse gesteuert.

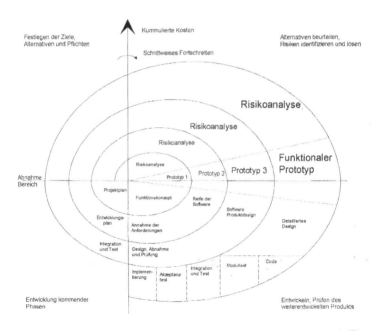

Bild 2.4: Das Spiralmodell[2]

---

[1] vgl. Hickersberger 1993, S. 53

[2] Gladis 2/1993, PC Professionell, S. 200

Die Ebene der Spirale ist durch zwei Achsen in vier Quadranten unterteilt, denen folgende Aktivitäten entsprechen:

⇒ Zielbestimmung

⇒ Bewertung der Alternativen (gegebenenfalls mit Hilfe von Prototypen)

⇒ Design und Implementierung des nächst feineren Produktes

⇒ Planung der nächsten Phase

Jeder Durchlauf eines Zyklus entspricht einer Phase des Wasserfallmodells. In jedem Umlauf durchläuft die Spirale des Vorgehensmodells alle vier Quadranten.

Jede Phase beginnt im ersten Quadranten, und zwar mit der Zieldefinition und der Aufstellung von Alternativen. Dabei werden nur ein Teil der Anforderungen an das System festgelegt.

Im zweiten Schritt werden die Alternativen mit Hilfe von Risiko- und Wirtschaftlichkeitsanalyse beurteilt. Dadurch erfolgt die Entscheidung, welche der möglichen Alternativen verwirklicht wird.

Danach folgt das Design des folgenden Produktes sowie die Implementierung des Prototypen. Dieser stellt die Basis der Weiterentwicklung im darauffolgenden Zyklus dar. Diese Prototypen sind nicht als Teil des Endproduktes gedacht. Sie dienen vor allem der Bewertung von Lösungsansätzen und Alternativen.[1]

Im letzten Schritt (vierter Quadrant) findet der Test und die Verifikation statt. Am Ende eines Umlaufs findet auch die Planung der nächsten Phase statt.

Diese Schritte werden so lange wiederholt, bis das für die Anwender zufriedenstellende Zielsystem erreicht ist. Mit jedem Durchlauf steigt der Reifegrad des Systems. Die Ausdehnung der Spirale zeigt nicht nur den Grad der Ausarbeitung des Systems, sondern auch die dabei entstandenen Kosten.

---

[1] vgl. Hesse 3/1994, Information Management, S. 24

Vorteile des Spiralmodells sind:[1]

- Die Anforderungen an das System müssen nicht von vornherein exakt feststehen, da dieses Vorgehensmodell es erlaubt Änderungen und Weiterentwicklungen als natürlichen Bestandteil des Entwicklungsprozesses einzubeziehen.
- Die Kommunikation zwischen Anwender und Entwickler findet während des gesamten Projektes statt (anhand von Prototypen).
- Bei jedem Zyklus (Spiralumdrehung) wird der Fortgang und die Wirtschaftlichkeit des Softwareprojektes überprüft.
- Die Notwendigkeit eines iterativen Vorgehens bei der Erstellung von Software-Systemen wird berücksichtigt.

Das Spiralmodells weist allerdings auch einige Nachteile auf:[2]

- Wie schon beim Wasserfallmodell, sind auch beim Spiralmodell die einzelnen Phasen noch genau voneinander getrennt, und ein neuer Entwicklungsschritt kann nur begonnen werden wenn der vorhergehende abgeschlossen wurde.
- Aus Finanzierungsgründen unterbleibt oft die präzise Untersuchung der Risiken mit Hilfe von Prototypen.
- Das erste lauffähige System liegt. wie beim Wasserfallmodell erst relativ spät vor

Die Bedeutung der in diesem Kapitel beschriebenen Vorgehensmodelle (Wasserfallmodell, Prototyping und Spiralmodell), ist in der Praxis unterschiedlich. Das Spiralmodell hat sich trotz seiner Vorteile kaum durchsetzen können, und obwohl Prototyping seit den 80er Jahren als Vorgehensweise propagiert wird, findet man es als offizielles Vorgehensmodell kaum vor - die inoffiziell

---

[1] vgl. Hickersberger 1993, S. 54 und Gladis 2/1993, PC Professionell, S. 204

[2] vgl. Hesse 3/1994, Information Management, S. 24 sowie Schader 1994, S. 4 und Raasch 1991, S. 415

praktizierte Vorgehensweise kommt dem Prototyping allerdings nahe. Das Wasserfallmodell (und die daraus abgeleiteten Phasenmodelle), hat trotz seiner Mängel bis heute nicht an Bedeutung verloren. In Projekthandbüchern und in offiziell verkündeten Entwicklungsrichtlinien spielen diese Vorgehensmodelle nach wie vor eine dominierende Rolle. In der Praxis wird allerdings regelmäßig davon abgewichen, die Modelle werden modifiziert, umgangen oder gar ignoriert.[1]

---

[1] vgl. Hesse 3/1994, Information Management, S. 22f

3 Grundlagen der Objektorientierung

So wie man sich beim Erlernen einer Fremdsprache zuerst Vokabeln und Grammatik aneignen muß, ist auch bei der Einführung der objektorientierten Software-Entwicklung die genaue Bestimmung und der richtige Gebrauch der Begriffe unerläßlich. Einige dieser Begriffe sind aus der Umgangssprache bekannt, haben aber unter Umständen eine etwas andere Bedeutung, müssen also neu erlernt werden. Die falsche Verwendung dieser Begriffe kann nämlich zu erheblichen Kommunikationsproblemen führen.

Bei der objektorientierten Methode werden bewährte Konzepte und Prinzipien der Software-Entwicklung wie Modularität, „Information Hiding" mit neuen Prinzipien und Konzepten des objektorientierten Ansatzes wie Objekt, Klasse, Vererbung, Polymorphismus und dynamisches Binden kombiniert. Einheitliche Definitionen dieser im Rahmen der Objektorientierung bedeutender Konzepte gibt es bis heute nicht. Die im folgenden vorgestellten Konzepte und Prinzipien können also nicht als Standard angesehen werden, sie sollen zum Verständnis der objektorientierten Softwareentwicklungsmethode beitragen.

3.1 Konzepte und Prinzipien der Objektorientierung

3.1.1 Objekte

Das Konzept eines Objekts stellt das Zentrum der Objektorientierung dar. Nach Taylor ist ein Objekt: „Ein Software-Paket, das eine Menge zueinander in Beziehung stehender Daten (in Form von Variablen) und Methoden (Prozeduren) für die Verarbeitung dieser Daten enthält."[1] Für die Analyse eines Problems besteht die Welt um uns aus Objekten, die Eigenschaften und Funktionalitäten haben. Objekte können sowohl materiell - also reale Gegenstände wie Flug-

---

[1] Taylor 1992, S. 172

zeuge, Kunden oder Lieferanten - als auch immateriell wie Dreieck, Girokonto oder eine ganze Zahl, usw. sein. Bertrand Meyer bezeichnet diese physischen Objekte als *externe Objekte*.[1] Das softwaremäßige Pendant zu diesen realen Objekten werden auch Objekte genannt. Dabei handelt es sich um Objekte aus der Sicht des Programms. Nach Meyer sind dieses *interne Objekte*.[2]

Die Daten (Variablen) des Objekts werden Attribute genannt. Sie sind das „Gedächtnis" des Objektes, die seinen inneren Zustand zu jedem Zeitpunkt beschreiben. Die Funktionalität gibt an, was man mit einem Objekt tun kann. In diesem Zusammenhang wird anstelle von Funktionalität (oder Leistungsangebot) der Begriff Methode verwendet. Alle Methoden eines Objekts, bilden die Schnittstelle des Objekts zu dessen Umgebung.[3] Die Attributwerte des Objekts können nur über diese Schnittstelle verändert werden. Während die Attributwerte bei jeder Ausprägung eines Objekts unterschiedlich sein können, bleibt das Methodenangebot das gleiche. In Bild.3.1 ist links der allgemeine Aufbau eines Objekts dargestellt. Dabei ist zu erkennen, daß die Attribute von den Methoden eingekapselt werden. Das Beispielobjekt Müller AG rechts im Bild verdeutlicht diesen Aufbau.

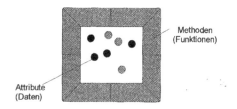

Bild 3.1: Der Aufbau eines Objekts[4]

---

[1] vgl. Meyer 1990, S. 72

[2] vgl Meyer 1990, S 72

[3] vgl. Schader 1994, S. 16

[4] vgl. Schader 1994, S. 17

3.1.2 Klassen

Es gibt mehrere Objekte, die durch gleiche Eigenschaften und die gleiche Funktionalität charakterisiert sind (zum Beispiel: mehrere Angestellte eines Unternehmens, mehrere Konten einer Bank). Diese Objekte werden in Klassen zusammengefaßt. In der Klasse werden die Attribute und Methoden dieser Objekte der gleichen Art allgemein beschrieben. Taylor definiert die Klasse als: „Eine Schablone für die Definition der Methoden und Variablen für einen bestimmten Objekt-Typ".[1] In der objektorientierten Terminologie ist ein Objekt die *Instanz* einer Klasse. Aus einer Klasse können beliebig viele Objekte erzeugt (instantiiert) werden, deren Attribute und Funktionen identisch sind. Lediglich die Attributswerte der einzelnen Instanzen sind verschieden.

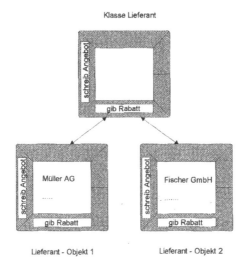

Bild 3.2: Eine Klasse und zwei Objekte

---

[1] Taylor 1992, S. 168

In Bild 3.2 ist die Klasse Lieferant mit zwei Objekten (Instanzen) Objekt Müller-AG und Objekt Fischer-GmbH dargestellt. Die Darstellung der Klassen gleicht der der Objekte, außer daß Klassen keine Attributwerte enthalten.

3.1.3 Methoden und Nachrichten

Der einzige Mechanismus der Kommunikation zwischen den Objekten eines objektorientierten Systems ist der auf Methoden basierende Nachrichtenaustausch.

Methoden

Die Methoden werden gemeinsam mit Attributen einem Objekt zugeordnet. Dabei drücken Methoden die Verhaltensweise eines Objektes aus. D.h. alles was ein Objekt „kann" ist in seinen Methoden enthalten; sie geben an welche Funktionen das Objekt ausführen kann. Bei der Analyse des Problembereichs beschreiben sie das Leistungsangebot und die Möglichkeiten der Objekte (zum Beispiel: ein Objekt LKW kann bremsen). Im programmtechnischen Sinn sind die Methoden Prozeduren, die Zugriff auf die Objektdaten (die Attribute) haben. Diese Daten können nur über die dazugehörenden Methoden gelesen und verändert werden.[1]

Werden einer Klasse Methoden hizugefügt, wird dadurch die Funktionalität ihrer Objekte (Instanzen) erweitert. Da die Erweiterung nur an einer zentralen Stelle (eben der Klasse) vorgenommen wird, bleibt die Gesamtstruktur des Systems unbeeinflußt.

---

[1] vgl. Hickersberger 1993, S. 31

Nachrichten

Eine Nachricht ist die Botschaft von einem Objekt (Sender) an ein anderes Objekt (Empfänger), die das Empfängerobjekt auffordert eine seiner Methoden auszuführen. Eine Nachricht besteht aus dem Namen des Empfängerobjektes, dem Namen der auszuführenden Methode und bei Bedarf einem oder mehreren Parametern die zum Ausführen der Methode nötig sind. Hickersberger führt folgendes Schema für die formale Schreibweise von Nachrichten auf:[1]

Empfänger Selektor [Argument[...]]

Empfänger = Name des Empfängerobjektes

Selektor = Methodenaufruf

Argument = Übergabeparameter an die Methode

[ ] = Angabe eines oder mehrerer Parameter (optional)

Der Sender ist am Ausführen der Methode nicht beteiligt. Er hat keinen Zugriff auf die Attributswerte des Empfängerobjektes, er kennt nur dessen Schnittstellen. Das Empfängerobjekt entscheidet, bei Erhalt einer Nachricht, eigenständig wie es die geforderte Aufgabe abwickelt.

In Bild 3.3 wird der Kommunikationsmechanismus zwischen Objeken am Beispiel einer 'Bestellung' schematisch dargestellt. Um den Gesamtbetrag der Bestellung Nr. 31735 vom 01.08.1995 an den Lieferanten F GmbH zu errechnen ist die Kommunikation zwischen dem Lieferant-Objekt F GmbH, zwei Objekten der Klasse Position (Pos 1 und Pos 2), zwei Objekten der Klasse Produkt (Nr 1287MV und Nr X3J16) und dem Bestellung-Objekt Nr 31735 notwendig. Das Bestellung-Objekt erhält auf die Nachricht F GmbH gib Rabatt vom Lieferant-Objekt den entsprechenden Rabattsatz. Um den Betrag der einzelnen Positio-

---

[1] vgl. Hickersberger 1993, S. 33

nen zu erhalten versendet das Bestellung-Objekt die Nachrichten Pos 1 berechne Betrag und Pos 2 berechne Betrag. Um dieser Aufforderung nachzukommen,
benötigen die Position-Objekte den Preis der Produkte, den sie von den Pro-
dukt-Objekten als Antwort auf die Nachrichten Nr 1287MV gib Preis sowie Nr
X3J16 gib Preis bekommen.

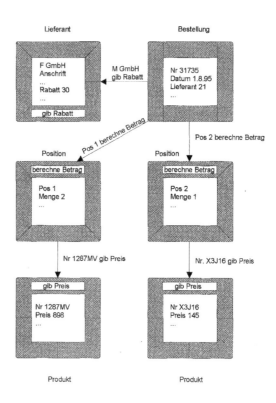

Bild 3.3: Kommunikation zwischen Objekten[1]

---

[1] vgl. Schader 1994, S. 18

Mit Hilfe dieser Beträge und des Rabattsatzes kann das Bestellung-Objekt den Gesamtbetrag der Bestellung errechnen.

3.1.4 Vererbung und Mehrfachvererbung

Vererbung

Die Vererbung ist eine gerichtete Beziehung zwischen Klassen wobei eine ab-geleitete Klasse (auch Unterklasse oder Subklasse genannt) die Attribute und Methoden von einer Oberklasse (auch Basisklasse oder Superklasse genannt) übernimmt[1].

Dabei ist jedes Objekt einer abgeleiteten Klasse gleichzeitig auch ein Objekt der Oberklasse, da es alle Attribute und Methoden der Oberklasse erbt. Die abgeleiteten Klassen können nicht nur die Methoden ihrer Oberklasse mitver-wenden, sie haben zusätzlich die Möglichkeit:

- Attribute hinzuzufügen
- neue Methoden zu spezifizieren und implementieren
- vorhandene Methoden zu überladen (vgl. Polymorpismus, Kap. 3.2.2)
- geerbte Methoden zu ergänzen

Da durch die Vererbung alle Attribute und Methoden einer Oberklasse den ab-geleiteten Klassen zur Verfügung stehen (ohne Codeduplizierung), wird Red-undanz vermieden. Außerdem wirkt sich die Änderung einer Oberklassenme-thode sofort in allen abgeleiteten Klassen aus, was zur Folge hat, daß im Sy-stem Änderungen leichter und sicherer durchgeführt werden können.[2]

Durch die Anwendung der Vererbung entsteht eine *Klassenhierarchie* auch *Vererbungshierarchie* genannt; d.h. eine baumartige Struktur in der die Basis-klasse die Wurzel darstellt.

---

[1] vgl. Stein 1994, S. 173

[2] vgl. Schader 1994, S. 20

In Bild 3.4 ist der Ausschnitt einer Klassen- oder Vererbungshierarchie dargestellt.

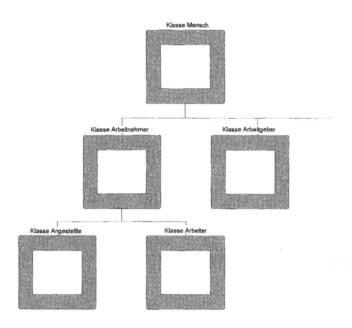

Bild 3.4: Ausschnitt aus einer Klassenhierarchie

Die Wurzel bildet die Klasse Mensch, von der die Klassen Arbeitnehmer und Arbeitgeber abgeleitet werden. Von der Klasse Arbeitnehmer werden wiederum die Klassen Angestellte und Arbeiter abgeleitet. Dabei erben die Klassen Arbeitnehmer und Arbeitgeber die Methoden und Attribute der Klasse Mensch und die Klassen Angestellte und Arbeiter erben die Methoden und Attribute der Klasse Arbeitnehmer.

Mehrfachvererbung

Während bei der einfachen Vererbung das Prinzip gilt, daß eine abgeleitete Klasse immer nur genau eine Oberklasse hat, besitzt eine abgeleitete Klasse bei der *Mehrfachvererbung* (multiple Vererbung) mehr als eine „direkte" Oberklasse. In diesem Fall erbt die abgeleitete Klasse die Attribute und Methoden aller Oberklassen. Oberklassen und abgeleitete Klassen sind nicht mehr hierarchisch angeordnet, sie bilden also nicht mehr wie bei der einfachen Vererbung eine Klassenhierarchie, sondern es entsteht ein Netzwerk.[1]

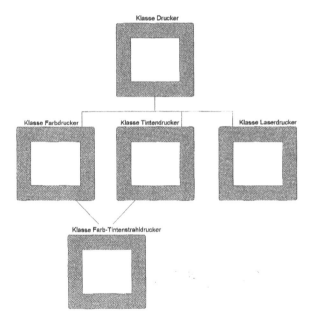

Bild 3.5: Ausschnitt aus einem Netzwerk[2]

---

[1] vgl. Schader 1994, S. 25

[2] vgl. Schader 1994, S. 25

Dadurch wird die Struktur der Klassenbibliothek in der alle Klassen verwaltet werden komplizierter, da aber die reale Welt nicht nur aus einfachen Beziehungen zwischen Objekten besteht, lassen sich durch die Anwendung der Mehrfachvererbung, die eine flexible Definition der Klassen ermöglicht, die Problembereiche besser abbilden.[1]

In Bild 3.5 wird ein einfaches Netzwerk dargestellt. In diesem Beispiel ist die Klasse Drucker die Wurzel, die Klassen Farbdrucker, Tintendrucker und Laserdrucker sind von ihr abgeleitete Klassen. Außerdem ist ersichtlich , daß die Klasse Farb-Tintenstrahldrucker zwei direkte Oberklassen hat (Klasse Farbdrucker und Klasse Tintenstrahldrucker) von denen sie die Methoden und Attribute erbt.

3.1.5 Polymorphismus

Im Zusammenhang mit der Vererbung muß ein weiteres wichtiges Prinzip der objektorientierten Softwareentwicklung genannt werden: *Polymorphismus.* Eine Operation ist polymorph wenn sie auf Objekte verschiedener Klassen angewandt werden kann.[2] Die Bedeutung dieser Methode kann natürlich in jedem Objekt unterschiedlich sein. Durch das Versenden derselben Nachricht an Objekte verschiedener Klassen kann der Aufruf verschiedener Methoden (jeweils gleichen Namens) bewirkt werden. Das jeweilige Empfängerobjekt ruft dann „seine" Methode auf. Beispielsweise wird die Nachricht (Objekt add y) für ein-Zahl-Objekt das Zusammenzählen von Zahlen veranlassen, während das Senden dieses Nachricht an ein Mengen-Objekt die Vereinigung von Mengen be-

---

[1] vgl. Taylor 1992, S. 171

[2] vgl. Hickersberger 1993, S. 35

wirkt. Man spricht bei polymorphen Operationen auch von *überladenen* Methoden.[1]

Durch Polymorphismus wird die Kommunikation zwischen den Objekten vereinfacht. Das Senderobjekt muß nur den Methodennamen kennen, nicht auch die
Implementierung. Die korrekte Ausführung der Methode übernimmt das Empfängerobjekt.

3.1.6 Dynamisches Binden

Damit das Objekt, dem eine Nachricht zugesandt wird die gewünschte Methode
ausführt, muß irgendwann eine Zuordnung zwischen dem Selektor (dem gewünschten Methodennamen) und der Implementierung (dem Programmcode
der Methode) stattfinden. Diesen Vorgang der Zuordnung zwischen Methodennamen und Programmcode nennt man *Binden*.

Das Binden kann in Abhängigkeit vom Bindezeitpunkt statisch (auch frühes
Binden genannt) oder dynamisch (auch spätes Binden genannt) erfolgen.[2]

Bei der Systementwicklung mit konventionellen prozeduralen Programmiersprachen wird üblicherweise das statische Binden angewandt. "Statisches Binden bedeutet, daß ein System schon zum Zeitpunkt der Übersetzung des Programmcodes die Adresse der Methode dem Methodenaufruf zuordnet."[3]

Wird ein Softwaresystem mit Hilfe einer objektorientierten Programmiersprache
implementiert, die das *Überladen* von Methoden zuläßt, ist das Empfänger-
Objekt einer Nachricht möglicherweise erst zur Laufzeit des Programmes bekannt. In diesem Fall kann die Zuordnung zwischen Methodennamen und dem

---

[1] vgl. Witt 1992, S. 78

[2] vgl. Hickersberger 1993, S. 43

[3] Hickersberger 1993, S. 43

Code erst zur Ausführzeit des Programmes hergestellt werden. Diese Art des Bindens wird *dynamisches Binden* genannt.

Einige Vorteile des dynamischen Bindens sind zum Beispiel:[1]

- dynamisches Binden ermöglicht den flexiblen Einsatz des Überladens von Methoden
- die Implementierung wiederverwendbarer Software wird unterstützt
- das Vererbungskonzept wird erst durch dynamisches Binden möglich.

Das dynamische Binden bringt auch Nachteile mit sich:

- die Laufzeit wird erhöht (die richtige Methode muß erst gesucht werden)
- Fehlermeldungen erfolgen erst beim Ablauf des Programms

3.1.7 Abstraktion

Die Abstraktion ist ein Prinzip zur Verringerung der Komplexität des Systems. Bei der Beschreibung eines Objekts werden nicht unbedingt all seine Eigenschaften und sein volles Leistungsangebot angegeben. Die Beschreibung wird auf die Attribute und Methoden reduziert die für das zu entwickelnde Softwaresystem von Bedeutung sind.

Diese Vereinfachung, bei der von bestimmten Eigenschaften und Funktionen der Objekte abgesehen wird und etwas nur unter einem bestimmten Blickwinkel betrachtet wird , nennt man *Abstraktion*.[2]

Das Ergebnis einer Abstraktion ist ein bezüglich seiner Datenstruktur und Funktionalität vollständig definierter *abstrakter Datentyp,* der wie ein vordefinierter Typ benutzt werden kann.[3] Dadurch wird dem Programmierer die Möglichkeit geboten neue Datentypen , abstrakte Datentypen zu definieren und die

---

[1] vgl. Hickersberger 1993, S.44f und Witt 1992, S. 83

[2] vgl. Hickersberger 1993, S. 26

[3] vgl. Schader 1994, S. 26

Beschränkung auf von der Programmiersprache vorgeschriebene Datentypen
ist aufgehoben.

3.1.8 Kapselung

Kapselung und Abstraktion sind Prinzipien die einander ergänzen: während die
Abstraktion sich auf das nach außen sichtbare Verhalten eines Objektes konzentriert, bezieht sich die Kapselung auf die Implementierung, die das Verhalten des Objektes schließlich realisiert.[1] Taylor definiert Kapselung als „Eine
Technik, mit der Daten zusammen mit den zugehörigen Prozeduren abgespeichert werden."[2] Kapselung ermöglicht den Schutz von Programmteilen
oder Daten vor unerlaubtem Zugriff. Sie wird verwendet um das Verbergen von
Informationen auch Geheimnisprinzip (Information Hiding) genannt, zu realisieren.[3] Dieses Prinzip bezieht sich auf den Mechanismus des Nachrichtenaus-
tausches, der den Zugriff auf Objekte und Klassen nur über eine nach außen
sichtbare , genau festgelegte Schnittstelle ermöglicht. Das heißt durch das
Senden von Nachrichten werden Methoden für den Zugriff auf die Objektdaten
oder die Veränderung des Zustands eines Objektes aufgerufen. Welche Daten
(Attribute) in den Objekten gekapselt sind und wie die Methoden implementiert
sind, bleibt vor dem Senderobjekt verborgen.

Wird dieses Prinzip angewandt ist es möglich den inneren Aufbau von Objekten oder die konkrete Realisierung von Methoden zu verändern, ohne daß diese Änderung sich auf andere Teile des Systems auswirkt.

---

[1] vgl. Booch 1994, S. 69

[2] Taylor 1992, S. 169

[3] vgl. Schader 1994, S. 26

4 Objektorientierte Software-Entwicklung

Das Attribut „objektorientiert" stand ursprünglich direkt im Zusammenhang mit Programmieren, daher auch der oft verwendete Ausdruck „Objektorientierte Programmierung". Die Entwicklung eines Software-Systems beschränkt sich aber nicht nur auf das Schreiben von Programmcode. Zuerst müssen, wie auch beim konventionellen Vorgehen, anhand einer Analyse die Anforderungen an das System bestimmt und festgehalten werden. Danach werden Aussagen über das „wie" der Realisierung (Design) benötigt. Es hat sich herausgestellt, daß ein objektorientiertes System ohne objektorientierte Analyse und objektorientiertes Design kaum möglich ist.

In diesem Kapitel werden die Phaseninhalte der Entwicklungsphasen objektorientierte Analyse, objektorientiertes Design und objektorientierte Implementierung zuerst sequentiell beschrieben. Anschließend wird ein Vorgehensmodell zur Prozeßorganisation eines objektorientierten Software-Entwicklungsprojekts vorgestellt, sowie die Vor- und Nachteile der objektorientierten Software-Entwicklung zusammengefaßt.

4.1 Objektorientierte Analyse

Während bei der konventionellen (strukturierten) Analyse der Prozeß im Mittelpunkt steht, hat die objektorientierte Sicht die Daten im Mittelpunkt. Exakte Regeln können für die objektorientierte Analyse, wie auch für die strukturierte Analyse nicht aufgestellt werden. Dieser Vorgang wird vom Problem selbst und von den beteiligten Personen bestimmt.[1]

---

[1] Hickersberger 1993, S. 68

Booch definiert die objektorientierte Analyse als „eine Analysemethode, die die Anforderungen aus der Perspektive der Klassen und Objekte, die sich im Vokabular des Problembereichs finden betrachtet."[1]

Diese erste Phase des Entwicklungsprozeßes enthält alle Tätigkeiten die durchzuführen sind, um ein vollständig definiertes logisches Modell des Problembereichs zu erstellen. Die Analyse erfolgt unter Verwendung der in Kapitel 3 beschriebenen objektorientierten Konzepte, soweit sie programmiersprachenunabhängig sind.

Bei den Tätigkeiten im Rahmen der objektorientierten Analyse handelt es sich vor allem um:[2]

- das Auffinden der Objekte die im Problembereich vorhanden sind und ihrer Beziehungen untereinander.

- das Gruppieren von Objekten in Klassen und deren Strukturierung

- Definition der Eigenschaften und des Verhaltens der Klassen in geeigneter Form

- Beschreibung der Kommunikation zwischen Objekten

Ein Softwaresystem kann in Anlehnung an seine drei wesentlichen Elemente Daten, Ereignis und Prozeß nach folgenden drei Sichtweisen beschrieben werden: statische, dynamische und funktionale Sicht.[3]

Gemäß diesen Sichtweisen werden während der objektorientierten Analysephase drei Modelle des Softwaresystems erstellt:

- das statische Modell

- das dynamische Modell

- das funktionale Modell

Um einen Einblick in die Aktivitäten der objektorientierten Systementwicklung zu bekommen, wird anschließend die Entwicklung dieser Modelle, in Anleh-

---

[1] Booch 1994, S. 54
[2] vgl Schader 1994, S. 32
[3] vgl. Hickersberger 1993, S. 59

nung an Schader und Rundshagen kurz beschrieben.[1] Aus Gründen der Verständlichkeit erfolgt diese Beschreibung zu diesem Zeitpunkt sequentiell, das heißt ohne ein bestimmtes Vorgehensmodell zu beachten.

⇒ **Das statische Modell des Systems**

Das statische Modell des Systems stellt eine natürliche Abbildung der Objekte des interessierenden Realweltausschnittes dar. Die auszuführenden Tätigkeiten sind:

1. Identifizieren von Klassen und Objekten
2. Identifizieren von Attributen und Objektbeziehungen
3. Identifizieren von Strukturen
4. Zerlegen des Systems in Teilsysteme

Es gibt in der Literatur zur objektorientierten Analyse keine Übereinstimmung über die Reihenfolge dieser Tätigkeiten. Die oben genannte Tätigkeitsfolge , die eine sequentielle Darstellung ermöglicht , wurde unter anderem von Wirfs-Brock und Wilkerson beschrieben.[2]

1. Identifizieren von Klassen und Objekten

Zum Identifizieren von Klassen und Objekten kann kein einfaches Rezept zur Verfügung gestellt werden. Es ist vielmehr notwendig, daß sich die Systemanalytiker und auch die anderen Projektmitglieder in der Analysephase mit dem Problembereich sowie dem Vokabular der Anwender vertraut machen um brauchbare Klassen und Objekte identifizieren zu können. Außerdem muß während des gesamten Prozeßes eine Kommunikation mit dem Anwender stattfinden.[3]

Meyer ist der Meinung, daß es einfach ist „gute" Klassen zu bestimmen: „In der physikalischen oder abstrakten Wirklichkeit sind die Objekte modelliert und

---

[1] vgl. Schader 1994, S. 36-137

[2] vgl. Wirfs-Brock 1990, S. 71-75

[3] Hickersberger 1993, S. 69

warten darauf aufgelesen zu werden! Die Softwareobjekte spiegeln diese externen Objekte einfach wieder".[1] Andere Autoren teilen diese Meinung nicht, Booch zum Beispiel hält das Festlegen von Klassen und Objekten (*Klassifizierung*) für den schwierigsten Teil bei objektorientierter Analyse und Design. Er nennt folgende drei generelle Ansätze für die Klassifizierung, die die Grundlage für die Ansätze zur Festlegung von Klassen und Objekten während der objektorientierten Analyse bilden:[2]

- Klassische Kategorisierung (Festlegung von Klassen und Objekten durch Eigenschaften)
- Konzeptuelle Zuordnung (Klassifizierung aufgrund der konzeptuellen Beschreibung der Klassen)
- Prototypentheorie (Klassifizierung anhand des Verwandschaftsgrads zu konkreten Prototypen)

Bei der Analyse werden davon abgeleitete Ansätze angewandt, wie zum Beispiel klassische Ansätze und die Verhaltensanalyse. Die Quelle für Klassen und Objekte ist beim klassischen Ansatz in den Anforderungen des Problembereichs zu finden. Klassen und Objekte können beispielsweise in folgende Kategorien eingeteilt werden:[3]

- konkrete Gegenstände: zum Beispiel Konto, Auto
- Rollen: zum Beispiel Angestellter, Bruder, Pilot
- Ereignisse: zum Beispiel Unfall, Anruf, Anfrage
- Interaktionen: zum Beispiel Zusammenarbeit, Übergabe

Während sich der klassische Ansatz auf konkrete Dinge im Problembereich stützt, ist bei der Verhaltensanalyse das dynamische Verhalten die primäre Quelle für Klassen und Objekte. Dabei werden Klassen gebildet, die auf Gruppen von Objekten mit ähnlichem Verhalten basieren.

---

[1] Meyer 1990, S. 55

[2] vgl. Booch 1994, S. 193f

[3] vgl. Hickersberger 1993. S. 77f

2. Definition von Attributen, Methoden und von Objektbeziehungen

Auch in der Analysephase werden Objekte als Ganzes beschrieben, das heißt mit ihren Methoden die ihre Fähigkeiten beschreiben und mit den relevanten Eigenschaften. Dabei sind in dieser Phase nur diejenigen Methoden die an der „Oberfläche" sichtbar sind (elementare Grundfunktionalitäten und ihre Zusammenhänge) von Bedeutung. Die Frage „Wie" ein Objekt seine Aufgabe erfüllt wird erst in der Designphase beantwortet.[1]

Nicht nur Methoden sondern auch wesentliche Attribute der Klassen und Objekte werden bereits in dieser Phase der Entwicklung festgelegt. Dabei sind Fragen hilfreich bezüglich der:[2]

- allgemeinen Beschreibung des Objektes
- Beschreibung des Objektes im Problembereich
- Beschreibung des Objektes im Zusammenhang mit seiner Pflicht zu agieren und zu reagieren um die Funktionalität des Systems zu gewährleisten (Systemverantwortlichkeit).

Objekte werden nicht isoliert betrachtet, dadurch daß ein Objekt zur Erfüllung seiner Aufgaben auf die Kommunikation mit anderen Objekten angewiesen ist, stehen die einzelnen Objekte miteinander in Beziehung. Zum Beispiel könnte ein Objekt währen dem Nachrichtenaustausch Informationen über den aktuellen Zustand oder die Funktionalität der Objekte mit denen es kommuniziert benötigen. Die zur Kommunikation notwendigen Beziehungen werden im statischen Modell auch dargestellt.

3. Identifizieren von Strukturen

Der dritte Schritt auf dem Weg zum statischen Modell des Systems ist die Identifizierung von Strukturen. Dabei werden in der Analysephase zwei ver-

---

[1] vgl. Hickersberger 1993, S. 80
[2] vgl. Schader 1994, S. 58

schiedene Strukturen dargestellt; Vererbungsstrukturen und Aggregationsstrukturen:[1]

- Vererbungsstrukturen machen das Festlegen von Basisklassen und von ihnen abgeleiteten Klassen möglich.

- Aggregationsstrukturen gestatten es, Objekte darzustellen, die als Attributswerte wieder andere Objekte enthalten.

4. Zerlegen des Systems in Teilsysteme

Bei komplexen Systemen, wo die festgelegten Klassen eine bestimmte Anzahl überschreiten, ist es aus Gründen der Übersichtlichkeit unerläßlich sogenannte *Subjekte* zu bilden. Es handelt sich dabei um Gruppen von Klassen, die im Hinblick auf ihre Aufgabe (logisch) zusammengehören und die mit Klassen aus anderen Gruppen nur durch wenige Beziehungen (lose), verbunden sind.[2] Diese Subjekte entsprechen den von Booch beschriebenen Klassenkategorien.[3] Subjekte bilden die Basis für Design und Implementierung der einzelnen Programme des Systems. Durch die lose Kopplung zwischen den Subjekten können verständliche und wartbare Programme erstellt werden.

⇒ **Das dynamische Modell des Systems**

Während das statische Modell des Systems die statische Sicht auf die Klassen bzw. Objekte und deren Strukturen sowie Beziehungen untereinander beschreibt, wird in dem dynamischen Modell des Systems das Verhalten von Objekten und die Beschreibung der Veränderung ihrer Attributswerte und Beziehungen im Zeitablauf dargestellt.[4] Im Mittelpunkt der Betrachtungen stehen konkrete Instanzen mit den entsprechenden Attributwerten.

---

[1] vgl. Schader 1994, S. 70
[2] vgl. Schader 1994, S. 94
[3] vgl. Booch 1994, S. 229
[4] vgl. Schader 1994, S. 102

Dabei werden anhand von sogenannten Szenarien, Ereignisfolgediagramme und anschließend Zustandsdiagramme erstellt.

Ein *Szenario* ist eine hypothetische Aufeinanderfolge von externen Nachrichten, die eine Ausführung der entsprechenden Operationen eines Analysemodells steuert.[1] Szenarien sind ein leistungsstarkes Werkzeug der objektorientierten Analyse, sie werden zur Darstellung der kausalen Zusammenhänge bei einer Anwendung des zu entwickelnden Systems erstellt.[2] Diese Szenarien werden sowohl verbal beschrieben -dabei wird angegeben wie das System auf bestimmte externe Eingaben reagieren soll und wie die einzelnen Objekte dazu interagieren müssen - als auch grafisch dargestellt. Die grafische Darstellung erfolgt beispielsweise anhand von *Ereignisfolgediagrammen.* Bei Booch werden diese Ereignisfolgediagramme Interaktionsdiagramme genannt[3]. Diese Diagramme dienen dem besseren Abgleich mit dem statischen Modell, liefern aber keine neuen Informationen. Anhand dieser verbal und grafisch beschriebenen Szenarien werden die *Zustandsdiagramme* erstellt. Mit deren Hilfe werden die verschiedenen Zustände der Objekte des statischen Modells, von ihrer Initialisierung bis hin zu ihrer Zerstörung modelliert. Dabei beschreibt der *Zustand eines Objekts* seine statischen Eigenschaften und wird durch seine Attributwerte zu einem bestimmten Zeitpunkt charakterisiert. Erhält ein Objekt eine Nachricht (durch den Benutzer, durch externe Systeme oder von anderen Objekten innerhalb des Systems) so kann es mit einer Zustandsänderung auf dieses Ereignis reagieren.

Das dynamische Modell wird mit der Erstellung der Zustandsspezifikationen, die den Zustandsdiagrammen entsprechen, abgeschlossen.

⇒ Das funktionale Modell des Systems

Im funktionalen Modell des Systems werden Teile des statischen und dynamischen Modells vertieft. Das Ergebnis dieses Analyseschrittes ist eine algorith-

---

[1] vgl. Stein 1994, S. 183

[2] vgl. Schader 1994, S. 108

[3] vgl. Booch 1994, S. 272

mische Beschreibung der in den beiden anderen Systemsichten identifizierten Methoden. Hilfsmittel die zur Erstellung des funktionalen Modells zur Verfügung stehen, sind beispielsweise Struktogramme und Pseudocode.

Die so erarbeiteten Dokumente dienen sowohl den Systemanalytikern und Programmierern, als auch zur Klärung funktionaler Details aus dem Problemraum, die zusammen mit den späteren Systemanwendern erfolgen muß.

Das Ergebnis der Analysephase ist das Analysemodell, das aus verschiedenen Diagrammen (Objektdiagramme, Klassendiagramme, Zustandsdiagramme, Ereignisfolgediagramme) bestehen kann. Zusammen mit detaillierten Spezifikationen dienen diese als Vorgabe für die Designphase.

4.2 Objektorientiertes Design

Während in der Analysephase Klassen und Objekte des Problembereichs im Zentrum unsere Betrachtungen stehen um ein Modell des Problemraums zu entwickeln, geht es beim Design darum ein Modell aus der Systemsicht zu erstellen. Dieses Modell wird auf der Basis des Analysemodells und durch dessen Erweiterung um Klassen und Objekten des Lösungsbereiches erstellt. In der Implementierungsphase wird das Designmodell dann direkt in die konkrete Programmiersprache umgesetzt.

In der Literatur gibt es keine einheitliche Definition der Phasen Analyse und Design. Entwicklungsschritte die von einigen Autoren als typische Analyseschritte bezeichnet werden, sind für andere Autoren im Design von zentraler Bedeutung. In dem Punkt, daß in der Designphase dieselben Modellierungskomponenten (Klassen und Objekte, Attribute, Methoden) verwendet werden wie auch in der Analysephase, stimmen die Autoren überein. Während bei der Analyse die Objekte und Klassen des Problembereiches identifiziert und spezifiziert werden, geht es beim Design um die Modellierung der Klassen und Objekte aus dem Lösungsbereich. Der Lösungsbereich beinhaltet sowohl die Objekte und Klassen des Problembereiches, als auch weitere Objekte und Klassen zur Realisierung der Benutzeroberflächen (Mensch-Computer-Kommunikation, (MCK)-Management), zur Verwaltung der Datenmengen (Daten-Management) und zur Prozeßverwaltung (Task-Management), siehe Bild 4.1.

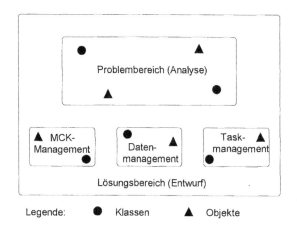

Bild 4.1: Abgrenzung zwischen Analyse und Entwurf [1]

Coad und Yourdon beschreiben vier Komponenten von Designtätigkeiten, in denen das bisherige Analysemodell überarbeitet und erweitert wird:[2]

1. Die Anwendungsgebiets-Komponente

2. Die Benutzeroberflächen-Komponente

3. Die Task-Managementkomponente

4. Die Datenmanagement-Komponente

---

[1] vgl. Stein 1994, S. 23

[2] vgl. Coad 1994, S. 53ff

1.Die Anwendungsgebiets-Komponente (Problembereichskomponente)

In diese Komponente werden die Ergebnisse der Analysephase direkt übernommen, dort werden sie überarbeitet und erweitert, um die Implementation
der Klassen vorzubereiten. Dabei werden zusätzliche Attribute, Objektverbin-
dungen, sowie neue abgeleitete Klassen oder weitere speziellere Methoden
festgesetzt.

Zwei wichtige Punkte die bei den Aktivitäten der Problembereichskomponente
beachtet werden müssen, sind die „lose" Kopplung von Objekten durch Metho-
denaufrufe und die wünschenswerte Kohäsion (Grad der Bindung der Elemente
einer einzelnen Klasse oder eines einzelnen Objekts) von Klassen und ihren
einzelnen Methoden.[1]

Wenn die Objekte eng miteinander verbunden sind (strenge Kopplung) sind sie
schwerer zu verstehen, dadurch wird das System komplizierter. Durch eine lose Kopplung der Objekte kann die Komplexität des Systems reduziert werden.
Die wünschenswerte Kohäsion ist die 'funktionale Kohäsion'. Dabei arbeiten
die Elemente einer Klasse oder eines Moduls zusammen, um ein ganz bestimmtes, wohldefiniertes Verhalten zu realisieren.[2]

Das Design der Problembereichskomponente ist noch weitgehend unabhängig
von der Implementationssprache und dem Betriebssystem. Je genauer der
Entwurf festgelegt wird um so mehr geht diese Unabhängigkeit verloren.

2. Die Benutzeroberflächen-Komponente (MCK-Komponente)

Die Designtätigkeiten der Kommunikationskomponente befassen sich damit,
wie ein Anwender das System bedient und wie umgekehrt das System dem
Anwender Ergebnisse und Informationen präsentiert.[3] Um die Kommunikation
zwischen Mensch und Computer zu ermöglichen, werden neue, auf der Sy-
stemgrenze liegende Klassen und Objekte, entwickelt. Die Form dieser Klassen

---

[1] vgl. Schader 1994, S 144
[2] vgl. Booch 1994, S. 177
[3] vgl. Schader 1994, S. 144

und Objekte hängt stark von den verfügbaren Werkzeugen und Klassenbibliotheken ab. Die Basis dieser Designtätigkeiten bilden die Szenarien des Analysemodells und die Problembereichskomponente. Zu den bereits in der Analysephase festgelegten Attributen und Methoden kommen Details hinzu, die das Layout grafischer Grundelemente, das Abfragen und Weiterleiten von Benutzereingaben, das Verhalten und Aktualisieren von Fenstern und deren Inhalte usw. betreffen.

Um das System im Hinblick auf Modifikationen (beispielsweise bei Anforderungsänderungen bezüglich der Systemverantwortlichkeit) stabiler werden zu lassen, ist eine klare Trennung zwischen den Klassen der Kommunikationskomponente und der Klassen der Problembereichskomponente notwendig, sie werden in eigenständigen, klar abgegerenzten Subjekten beschrieben.

3 Die Taskmanagement-Komponente

Diese Komponente wird zur Koordination der Objekte des Problembereichs und ihrer Methoden entworfen, und zwar für den Fall, daß in dem System das Verhalten verschiedener Objekte parallel oder die Kommunikation zwischen den Objekten asynchron modelliert werden soll.[1]

In der Taskmanagement-Komponente werden -mit Hilfe spezieller Task-Klassenbibliotheken- Klassen definiert, die das Starten und Beenden der unterschiedlichen Prozesse (Tasks), die von diesen auszuführenden Tätigkeiten, die Kommunikation während des Prozesses sowie Taskprioritäten festlegen.

4. Die Datenmanagement-Komponente

Bei diesem Designschritt werden die Datenaspekte des Systems betrachtet und die Voraussetzungen für das Abspeichern und das Wiederauffinden von Objekten geschaffen.[2]

---

[1] vgl. Schader 1994, S. 151
[2] vgl. Schader 1994, S. 147

Werden beim Entwurf der Datenmanagementkomponente neue Klassen definiert, so sind sie von den Klassen des Problembereichs und denen der anderen Systemkomponenten abzugrenzen.

Es gibt drei Möglichkeiten Objekte aufzubewahren:[1]

- Objekte werden in Textdateien abgespeichert (mit Hilfe der gewählten Programmiersprache)
- Objekte werden in die Tabellen eines relationalen Datenbanksystems kopiert
- Objekte werden in einer objektorientierten Datenbank abgespeichert

In Abhängigkeit von der eingesetzten Datenbank unterscheiden sich die auszuführenden Designtätigkeiten voneinander.

Der Einsatz eines objektorientierten Datenbanksystems vereinfacht die Designtätigkeiten der Datenmanagement-Komponente. Objektorientierte Datenbanken machen den objektorientierten Programmiersprachen klassische Datenbankfähigkeiten zugängig. Die Programmiersprache wird beispielsweise mit Transaktionsmanagement, Datenrekonstruktion, Sperrmechanismen und Abfragemöglichkeiten ausgestattet.[2]

Sowohl Wissenschaftler als auch Anbieter und Anwender sind seit einigen Jahren fasziniert von diesem speziellen Thema. Obwohl immer wieder verschiedene Definitionen des Begriffs objektorientiertes Datenbanksystem auftauchen, die ein einheitliches klares Verständnis noch nicht als gegeben erscheinen lassen, wurden in den letzten Jahren auf diesem Gebiet gewaltige Fortschritte gemacht. Beispielsweise die Datenbaksysteme POSTGRES von der University of Berkeley, AIM-P vom Wissenschaftlichen Zentrum der IBM in Heidelberg und STARBURST vom IBM Almaden Research Center in San Jose, bei denen ausgehend vom relationalen Ansatz Erweiterungen zur Einbeziehung objektorientierter Konzepte vorgenommen wurden. Auch im Bereich der Datenbankabfragesprache SQL wurden objektorientierte Erweiterungen vorgenommen,

---

[1] vgl. Schader 1994, S. 147

[2] vgl. Schader 1994, S. 150

SQL3 beispielsweise enthält verschiedene objektorientierte Elemente.[1] Die Entwicklung ist in diesem Bereich jedoch noch nicht abgeschlossen, und daß die relationalen von den objektorientierten Datenbanksystemen abgelöst werden, ist zur Zeit noch eher unwahrscheinlich.

Das Resultat des objektorientierten Designs, ist ein Modell des zu implementierenden Programmsystems. Dabei wird dessen Struktur definiert, indem alle Klassen und Objekte des Problembereichs sowie neue Klassen (Menüklassen, Datenbankklassen, Task-Klassen) modellhaft dargestellt werden. Die Implementierung des Systems basiert auf den Ergebnissen des Designs.

4.3 Objektorientierte Implementierung

Anhand des objektorientierten Designs, das vorrangige Systemaspekte der realen Welt modellhaft abbildet, ist den Programmierern vor Beginn der Kodierung auch die Aufgabenstellung besser vertraut. Es wird eine bessere Kommunikation zwischen Designern und Programmentwicklern möglich.[2]
Obwohl die Implementierung auch mit konventionellen Programmiersprachen möglich ist , kann ein objektorientiertes Design am sinnvollsten mit objektorientierten Programmiersprachen implementiert werden.
Im folgenden werden im Rahmen der Implementierungsphase die Programmierung, sowie der Test objektorientierter Systeme kurz beschrieben.

⇒ *Programmierung*

Innerhalb eines objektorientierten Sofwareentwicklungsprojekts ist, wie auch bei der konventionellen Entwicklung, für die Implementierung eine Programmiersprache festzulegen. Dabei werden Überlegungen berücksichtigt bezüglich

---

[1] vgl. Fischer 16/1993, Informatik-Spektrum, S. 667f

[2] vgl. Wirfs-Brock 1993, S. 10

der Verfügbarkeit der Sprache, ob die Sprache auf der Entwicklungsumgebung ablauffähig ist und wie beziehungsweise welche Konzepte der Objektorientierung sie untersützt. Es gibt heute eine ganze Reihe von objektorientierten Programmiersprachen. Sprachen wie beispielsweise C++, Objective C, Object Pascal oder CLOS sind Erweiterungen vorhandener Programmiersprachen. Andere Sprachen wie beispielsweise Smalltalk und Eiffel sind Neuschöpfungen. Obwohl die Programmiersprachen alle durch das Attribut objektorientiert charakterisiert sind unterscheiden sie sich doch erheblich voneinander. Die Unterschiede beziehen sich primär auf die von ihnen unterstützten objektorientierten Konzepte.

Simula war die erste objektorientierte Programmiersprache. Sie wurde in den 60er Jahren am Norwegian Computing Center in Oslo von K. Nygaard und O. Dahl zur Simulation komplexer Systeme entwickelt. Simula hat die Konzepte für Klassen, Vererbung, dynamisches Binden und die Kapselung von Daten eingeführt[1], ist aber außer im Bereich der professionellen Simulationswerkzeuge nicht sehr bekannt geworden. Erst der objektorientierten Programmiersprache Smalltalk gelang die Verbreitung der objektorientierten Denkweise.

Smalltalk wurde in den frühen 70er Jahren am Xerox Palo Alto Research Center (PARC) von den Mitgliedern der Learning Research Group entwickelt. Diese Programmiersprache entstand aus den Ergebnissen der Projekte, welche die Verbesserung der Kommunikation zwischen Benutzern und Computern zum Ziel hatten. Smalltalk realisiert die Konzepte und Methoden der Objektorientierung konsequent und stellt nicht nur eine Programmiersprache, sondern auch eine Entwicklungsumgebung dar. Diese Sprache ist anhand der interaktiven Benutzeroberfläche schnell erlernbar und besitzt eine recht umfangreiche Klassenbibliothek.[2]

---

[1] vgl. Hickersberger 1993, S. 93

[2] vgl. Enders 15/1992, Informatik-Spektrum, S. 258

C++ wurde anfang der 80er Jahre von Bjarne Stroustrup bei den AT&T Bell La-boratories als Erweiterung der weit verbreiteten Systemprogrammiersprache C entwickelt. Die Erweiterungen beziehen sich sowohl auf Sprachelemente, die unabhängig von objektorientierter Programmierung sind, als auch auf Sprache-lemente welche die objektorientierte Programmierung unmittelbar unterstützen. C++ ist optimal über unterschiedliche Betriebssystem-Plattformen verbreitet und hat ein hohes Angebot an Klassenbibliotheken.[1]

Objektorientierte Programme haben drei wesentliche Merkmale:[2]

- Objekte als fundamentale Bausteine;
- Jedes Objekt ist eine Instanz einer Klasse;
- Klassen stehen miteinander in Vererbungsbeziehung.

Sie werden so geschrieben, daß sie nicht nur in Prozeduren, Funktionen oder Unterprogrammen strukturiert sind, sondern zusätzlich in Objekte und Klassen, wobei die Objekte mittels ihrer Methoden miteinander kommunizieren.[3]

⇒ *Test*

Der Test stellt auch bei objektorientierter Softwareentwicklung eine Qualitätssi-cherungsmaßnahme dar. Er sollte nicht einmalig am Ende der Systementwick-lung durchgeführt werden, sondern es sollte sich dabei um eine ständige Aktivi-tät des Entwicklungsprozesses handeln. Wird der gesamte Entwicklungsprozeß objektorientiert durchgeführt, werden also in allen Entwicklungsphasen die Konzepte und Prinzipien der Objektorientierung beachtet, so wird das Testen einzelner Systemkomponenten (beispielsweise Klassen Untersysteme) unab-hängig vom Rest des Systems einfacher.[4] Vereinfacht wird die Testaktivität da-durch, daß die Systemkomponenten beispielsweise die einzelnen Klassen

---

[1] vgl. Enders 15/1992, Informatik-Spektrum, S. 258

[2] vgl. Booch 1994, S. 57

[3] vgl Enders 15/1992, Informatik-Spektrum, S. 257

[4] vgl. Wirfs-Brock 1993,. S. 190

streng kontrollierte Schnittstellen (ihre Methoden) haben, über die sie mit dem Rest des Systems kommunizieren können. Sind die Testergebnisse einer Komponente zufriedenstellend, wird diese bei der Integration in das Gesamtsystem bei anderen Komponenten die mit ihr in Relation stehen, keine kausalen Fehler hervorrufen. Falls die Ergebnisse des Testens aber nicht zufriedenstellend sind, kann die Behebung der Fehler und das erneute Testen der betreffenden Komponente erfolgen, wobei wiederum Nebeneffekte an anderen Stellen des Systems ausgeschlossen sind.

Booch unterteilt den Test bei objektorientierter Softwaresystementwicklung in drei Dimensionen:[1]

• Testen von Einheiten: Dieser Test beinhaltet beispielsweise das Testen einzelner Klassen.

• Testen von Untersystemen: Dabei werden ganze Subjekte oder Untersysteme gestestet

• Testen von Systemen: Dabei wird das System als Ganzes getestet.

Während das Testen von Einheiten und von Untersystemen in der Verantwortlichkeit von Designern und Programmierern liegen, ist das Testen von Systemen eine Tätigkeit des Qualitätssicherungsteams.

Nachdem der Test des Systems abgeschlossen ist, wird es in die Zielumgebung eingeführt wo dann die effektive Nutzung und die Wartung des Systems beginnt (vgl. Kapitel 2.1). Die Wartung eines objektorientierten Software-Systems wird durch dessen leichtere Verständlichkeit erleichtert. Diese Verständlichkeit ist auf die streng begrenzten Kommunikationsmöglichkeiten innerhalb des Systems zurückzuführen.[2]

---

[1] vgl. Booch 1994, S. 346
[2] vgl. Wirfs-Brock 1993, S. 11

4.4 Ansatz eines objektorientierten Vorgehensmodells

Zur Prozeßorganisation eines Softwareentwicklungsprojekts das dem objektorientierten Ansatz folgt, benötigen wir wie auch bei der konventionellen Softwareentwicklung ein Vorgehensmodell. Um die Konzepte der Objektorientierung zu unterstützen, müssen nicht nur die Entwickler diese Konzepte
anwenden, sondern auch das Projektmanagement und auch das Vorgehensmodell müssen angepaßt werden.

Ein Softwareentwicklungsprojekt ist erfolgreich, wenn es die Ewartungen der
Auftraggeber befriedigt. Das bedeutet, daß das qualitativ hochwertige Softwaresystem innerhalb des festgesetzten Zeit- und Kostenrahmens entwickelt wurde und es unempfindlich gegenüber Veränderungen und nötigen Anpassungen
ist. Diese Anforderungen können nur erfüllt werden, wenn die Entwicklung einem wohldefinierten Entwicklungszyklus folgt. Wird kein konkretes Vorgehensmodell eingehalten, so ist es dem Projektmanagement unmöglich zu einem bestimmten Termin zuverlässige Aussagen bezüglich des Projektfort-
schritts, bezüglich der noch verbleibenden Tätigkeiten und noch weniger bezüglich der Qualität des Zielsystems zu machen.

Booch schlägt den Einsatz eines „wohl-organisierten iterativen und inkremen-
tellen Entwicklungszyklusses" vor, um zu einem vorhersagbaren und wieder-
holbaren Softwareentwicklungsprozeß zu gelangen.[1]

Das Attribut *wohl-organisiert* bezieht sich darauf, daß der Prozeß gesteuert und
gemessen werden kann. Der Entwicklungsprozeß ist *iterativ,* wenn er eine
schrittweise Verfeinerung der objektorientierte Architektur angibt, wobei die
Erfahrungen und Ergebnisse einer Version für die darauffolgende Iteration von
Analyse und Design verwendet werden. *Inkrementell* bedeutet, daß bei jedem
Zyklus-Durchlauf (Analyse-Design-Evolution) eine allmähliche Verfeinerung der
Entwicklungsentscheidungen erfolgt, die schließlich zum angestrebten Softwa-
resystem führt.

---

[1] vgl. Booch 1994, S. 293

Bei diesem Vorgehensmodell wird der Software-Entwicklungsprozeß in einen Mikro- und einen Makro-Prozeß aufgegliedert, um die Entwicklungstätigkeiten an sich mit den notwendigen Projektmanagementtätigkeiten in Einklang zu bringen.

Diese Aufspaltung weist gewisse Ähnlichkeiten mit dem in das Systems-Engineering eingeordnete Vorgehensmodell auf.[1] Hier unterscheiden wir ein Lebensphasenmodell und einen Problemlösungszyklus, die auch als Makro- und eine Mikro-Strategie bezeichnet werden.

Das Lebensphasenmodell gliedert den Systementwicklungsprozeß nach zeitlichen Gesichtspunkten in überschaubare Phasen, wodurch ein stufenweiser Planungs- Entscheidungs- und Konkretisierungsprozeß ermöglicht wird. Das Lebensphasenmodell kann als Makro-Strategie angesehen werden.

Die Lösung jedes einzelnen Problems (Ist Zustand weicht vom Soll-Zustand ab), das im Laufe des Entwicklungsprozesses auftaucht, wird anhand des Problemlösungszyklus gelöst. Die Hauptaktivitäten innerhalb des Problemlösungszyklus sind:

- Zielsuche
- Lösungssuche
- Alternativenauswahl

Es handelt sich dabei um einen Vorgehensleitfaden, der innerhalb jeder Phase mehrfach zur Anwendung kommt. Dieser Problemlösungszyklus kann als Mikro-Strategie bezeichnet werden.

Innerhalb des objektorientierten Vorgehensmodells, stellt der Makro-Prozeß ähnlich der Makro-Strategie den übergeordneten Prozeß dar, der das Entwicklungsprojekt in zeitlich aufeinanderfolgende Phasen aufteilt und dem Mikro-Prozeß als Kontrollgerüst dient.

Der Mikro-Prozeß beinhaltet wie auch der Problemlösungszyklus des Systems Engineering Aktivitäten, die sich innerhalb jeder Phase mehrfach wiederholen.

---

[1] vgl. Daenzer 1985, S. 27 ff

Während der Problemlösungszyklus ein Leitfaden zur Lösung unterschiedlicher Probleme darstellt, geht es bei dem objektorientierten Mikro-Prozeß um sich tatsächlich auf unterschiedlichen Abstraktionsniveus wiederholende Tätigkeiten. Die Motivation für den Mikro-Prozeß liegt darin, daß innerhalb der objektorientierten Entwicklungsphasen (Analyse, Design, Implementierung) die selben Modellierungskomponenten (Klassen und Objekte) verwendet werden. Um einen Einblick in das aus dem Mikro- und Makro-Prozeß zusammengesetzte Vorgehensmodell zu gewähren, werden in diesem Kapitel diese beiden Prozesse samt ihren Inhalten in Anlehnung an Booch, beschrieben.[1] Auf eine ausführliche Erklärung der einzelnen Aktivitäten wird verzichtet, da sie mit den in Kapitel 4.3 sequentiell beschriebenen Phaseninhalten, weitgehend übereinstimmen.

Der Mikro-Entwicklungsprozeß

Der Mikro-Prozeß dient als Gerüst für ein iteratives und inkrementelles Vorgehen. Darin werden die 'täglichen' Tätigkeiten des einzelnen Entwicklers oder eines kleinen Entwicklerteams, die sich in jeder Phase auf unterschiedlichen Niveaus wiederholen, dargestellt.

Es handelt sich dabei um folgende Aktivitäten:

• Identifizierung der Klassen und Objekte auf einer bestimmten Abstraktionsebene

• Identifizierung von Methoden und Attributen der Klassen und Objekte

• Identifizierung der Beziehungen zwischen diesen Klassen und Objekten

• Spezifizierung der Schnittstelle und dann der Implementierung dieser Klassen und Objekte

---

[1] vgl. Booch 1994, S. 289-333

Diese, in Bild 4.2 schematisch dargestellten Aktivitäten des Mikro-Prozesses, sollen anschließend kurz beschrieben werden.

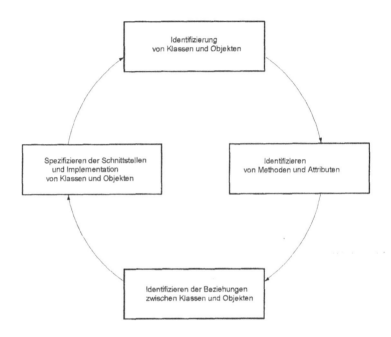

Bild 4.2: Der Mikro-Prozeß

Identifizierung von Klassen und Objekten

Der erste Schritt innerhalb des Mikro-Prozesses ist die Identifizierung von Klassen und Objekten, dabei wird der Umfang des zu lösenden Problems abgegrenzt.

In der Analysephase werden in diesem Schritt die Klassen und Objekte identifiziert, die das Vokabular des Problembereiches ausmachen.

In der Designphase werden Klassen und Objekte des Lösungsbereiches gefunden. Bei der Weiterentwicklung der Implementierung werden Klassen und

Objekte einer niedrigeren Ebene identifiziert. Mit dem Fortschreiten der Entwicklungsphasen, in der die Identifizierung von Klassen und Objekten stattfindet, sinkt das Abstraktionsniveau.

Das Ergebnis dieses Schrittes ist ein sinnvolles, stabiles Data Dictionary (ein vollständiges Repositorium, das alle Klassen eines Systems aufzählt). Dieses Data Dictionary wird dadurch, daß der Entwicklungsprozeß iterativ und inkrementel ist, erst zu einem sehr späten Zeitpunkt des Entwicklungsprozesses abgeschlossen.

Identifizierung der Methoden und Attribute von Klassen und Objekten

Nachdem Klassen und Objekte identifiziert wurden, folgt im Mikro-Prozeß die Identifizierung der dazugehörenden Methoden und Attribute.

In der Analysephase werden in diesem Schritt den nach außen hin sichtbaren und testbaren Aktivitäten des Systems Verantwortlichkeiten zugewiesen. Das bedeutet, daß der Zweck der einzelnen Klassen und Objekte sowie ihre Positionen im System festgestellt werden. Während des Designs wird eine klare Abgrenzung der Aufgaben zwischen den Komponenten des Lösungsbereiches vorgenommen. Beim Fortschreiten der Implementierung wird die Art und Weise, wie jede Klasse und auch jedes Objekt agieren und reagieren kann (Protokolle) spezifiziert, was schließlich in einer präzisen Spezifikation der Methoden und Attribute jeder Klasse resultiert.

In diesem Schritt des objektorientierten Mikro-Prozesses wird das Data Dictionary verfeinert. Im frühen Entwicklungsprozeß ist eine formlose Angabe der Verantwortlichkeiten ausreichend, während beim Fortschreiten der Entwicklung diese Entscheidungen formal festgehalten werden müssen. Das geschieht indem die Schnittstelle jeder Klasse in die ausgewählte objektorientierte Programmiersprache umgesetzt wird.

Weitere Resultate bei der Identifizierung von Methoden und Attributen können Objektdiagramme und Interaktionsdiagramme sein.

Identifizierung der Beziehungen zwischen Klassen und Objekten

Bei der Identifizierung der Beziehungen zwischen Klassen und Objekten soll die konzeptuelle sowie die physikalische Trennung der Aufgaben einzelner Objekte und Klassen formalisiert werden.

In der Analysephase werden Beziehungen wie Vererbungs- und Aggregationsbeziehungen spezifiziert. Beim Design wird dieser Schritt angewandt, um festzulegen welcher Nachrichtenaustausch (Kommunikation zwischen Klassen und Objekten) notwendig ist, um die Funktionalität des Systems zu ermöglichen und auf höherer Ebene Klassen in Subjekte und Module in Untersysteme einzuteilen. Während die Implementierung fortschreitet, werden in diesem Schritt die Beziehungen in stärker implementierungsorientierte Beziehungen verfeinert.

Die Hauptergebnisse dieses Schrittes sind Objektdiagramme, Klassendiagramme und Moduldiagramme [1]. Außerdem wird das Data Dictionary aktualisiert, um die Zuordnung von Klassen und Objekten zu Subjekten und von Modulen zu Untersystemen wiederzuspiegeln. Anhand dieser Ergebnisse ist es möglich, eine Vorstellung von den Beziehungen zwischen den Komponenten des objektorientierten Systems zu entwickeln und darüber zu diskutieren. Dieser Schritt kann abgeschlossen werden, wenn die Ergebnisse als Basis für die Implementierung geeignet sind.

Implementierung von Klassen und Objekten

Ein Mikro-Prozeß wird mit der Implementierung von Klassen und Objekten abgeschlossen.

In der Analysephase sollen durch die Implementierung von Klassen und Objekten, die bereits identifizierten Klassen dermaßen verfeinert werden, daß neue Klassen und Objekte für das nächste Abstraktionsniveau gefunden werden können, die in die nachfolgende Iteration des Mikro-Prozesses einfließen.

---

[1] Moduldiagramme zeigen die Zuordnung von Klassen und Objekten zu Modulen.(vgl. Booch, 1994, S.613)

Wärend des Designs sollen, zur Unterstützung der schrittweisen Verfeinerung der Programmversionen im Makro-Prozeß, faßbare Darstellungen der Klassen und Objekte erzeugt werden. Während in den ersten drei Etappen des Mikro-Prozesses die äußere Sicht der Klassen und Objekte betrachtet wird, konzentriert sich dieser Schritt auf die innere Sicht.

Die Ergebnisse der Implementierung von Klassen und Objekten sind verfeinerte Klassenspezifikationen, Klassendiagramme, Ereignisfolgediagramme sowie mit dem Fortschreiten der Implementierung Pseudocode und ausführbarer Code.

Der Makro-Entwicklungsprozeß

Der Makro-Prozeß der objektorientierten Systementwicklung liefert dem Management eine Vielzahl faßbarer Ergebnisse, er dient als Kontrollgerüst für den inhärent instabilen Mikro-Prozeß. Der Makro-Prozeß bietet dem Management Kontrollmöglichkeiten, außerdem können anhand des evolutionären Ansatztes im Makro-Prozeß Probleme schon früh im Entwicklungszyklus erkannt werden, und dadurch ist eine sinnvolle Reaktion auf die Risiken möglich, bevor der Erfolg des Entwicklungsprojektes gefährdet ist.

Während der Mikro-Prozeß die täglichen Aktivitäten einzelner Entwickler beinhaltet, bildet der Makro-Prozeß die Tätigkeiten des gesamten Entwicklungsteams auf eine Zeitskala von Wochen und Monaten ab.

Die Aufgaben des Makro-Prozesses unterliegen grundsätzlich dem Projektmanagement. Darin sind Elemente wie Konfigurationsverwaltung, Qualitätssicherung, Codeüberprüfung und Dokumentation enthalten. Der Makro-Prozeß soll einen sicheren Weg, zu den vom Management verfolgten Zielen, beschreiben.

Im Makro-Prozeß werden die Phasen der vom Wasserfallmodell abgeleiteten Phasenmodelle größtenteils beibehalten, und der Prozeß wird sinnvoll geordnet.

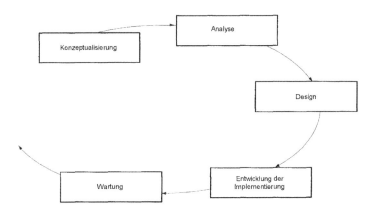

Bild 4.3: Der Makro-Prozeß[1]

Bild 4.3 enthält eine schematische Darstellung der Hauptaktivitäten des Makro-Prozesses der objektorientierten Systementwicklung. Es handelt sich dabei um:

- Konzeptualisierung (Die Kernanforderungen für die Software werden festgelegt)
- Analyse (Es wird ein Modell des gewünschten Systemverhaltens entwickelt)
- Design (Es wird eine Architektur für die Implementierung erzeugt)
- Evolution (Durch schrittweise Verfeinerung wird die Implementierung entwickelt)
- Wartung (Die Entwicklung wird nach der Ausführung verwaltet)

---

[1] Booch 1994, S. 313

Konzeptualisierung

Die Entwicklung eines Systems basiert meistens auf einer Projektidee (vgl. Kap.3 Projektbegründung), die von unterschiedlichen Stellen geliefert werden kann. In der Phase Konzeptualisierung sollen diese Ideen nicht vollständig definiert, sondern nur die Kernanforderungen des Systems festgelegt werden. Dabei werden Ziele festgesetzt, das Konzept wird überprüft und bestätigt, und es erfolgt eine vernünftige Risikoabschätzung.

Das primäre Ergebnis der Konzeptualisierung sind Prototypen (Wegwerfprototypen), die nach bestimmten Kriterien und bis zu einem vorgegebenen Zeitpunkt erstellt werden.

Analyse

In der Analysephase soll ein Analysemodell erzeugt werden, in dem das Verhalten des Systems abgebildet wird. Durch die Identifizierung von Klassen und Objekten die das Vokabular des Problembereiches bilden, sowie ihren Methoden, Attributen und ihrem Zusammenwirken, soll ein bestimmter Ausschnitt der realen Welt modelliert werden. Während der Analyse arbeiten Anwender und Entwickler zusammen. Die gemeinsame Kommunikationsbasis wird aus dem Vokabular des Problembereichs gebildet.

Das Ergebnis der objektorientierten Analyse, ist die in Szenarien zusammengefaßte Beschreibung der Systemfunktionen. Diese Szenarien werden textuell beschrieben, und mit Hilfe von Diagrammen grafisch dargestellt. Außerdem werden diese Analyseergebnisse oft in einem formalen Dokument zusammengefaßt. Dieses Dokument enthält die Anforderungen bezüglich des Systemverhaltens, die durch die Diagramme illustriert werden, und eine Analyse aller Aspekte, die nicht das Systemverhalten betreffen, wie etwa die Qualitätsanforderungen. Es kann mit dem Pflichtenheft bei konventioneller Softwareentwicklung verglichen werden. Ein weiteres Ergebnis der Analysephase ist die Risikoeinschätzung, wobei die Risiken welche den Designprozeß eventuell beeinflussen könnten ermittelt werden.

Booch behauptet, daß es weder möglich noch wünschenswert ist eine voll-
ständige Analyse durchzuführen bevor das Design begonnen hat. Es ist wichtig, ein verspätetes Design zu vermeiden „wobei die Organisation kollabiert,
während sie versucht, ein perfektes und somit nie erreichbares Analysemodell
zu erzeugen".[1] Das soll aber nicht bedeuten, daß die Analyse zugunsten eines
verfrühten Designprozesses vernachlässigt werden darf, da für das Projektmanagement eine vernünftige Risikoabschätzung notwendig ist. Diese Risikoabschätzung ist nur anhand eines nachvollziehbaren Prozesses möglich. Um die
notwendige Nachvollziehbarkeit zu garantieren, muß die Analyse zwar nicht
vollständig abgeschlossen sein, das Analysemodell muß aber einen in
'vernünftigem Maße' vollständigen und formalen Umfang erreichen.

Design

In der Designphase wird eine logische und physikalische Struktur des Systems
(Architektur) erzeugt, die die Basis für die Entwicklung einer Implementierung
darstellt. Diese Architektur wird mit Hilfe eines Prototypen überprüft und aus-
gewertet. Das Ziel des Designprozesses ist eine einfache Architektur, welche
die Eigenschaften strukturierter komplexer Systeme verkörpert. Hinzu kommt
die Festlegung der allgemeinen taktischen Vorgehensweise, die von verschiedenen Elementen des Systems verwendet werden muß.
Das Ergebnis dieser Phase ist eine Beschreibung der Systemstruktur beispielsweise anhand von Diagrammen, die Beschreibung der allgemeinen taktischen Vorgehensweisen und ein Plan für folgende Versionen. Die taktischen
Vorgehensweisen enthalten auch solche für die Fehlererkennung und - be-
handlung, Speicherverwaltung, Datenspeicherverwaltung und allgemeine Ansätze für die Steuerung.

---

[1] Booch 1994, S. 320

Evolution

Der Zweck der Evolutionsphase, ist die Implementierung durch schrittweise Verfeinerung wachsen zu lassen und zu modifizieren, was schließlich zum Zielsystem führen soll. Das Hauptergebnis der Evolution sind mehrere aufeinanderfolgende ausführbare Versionen. Dabei handelt es sich um eine schrittweise Verfeinerung der ursprünglichen Version, bis hin zur Endversion, deren Funktionalität und Qualität so gut ist, daß sie den Anforderungen der Kunden entspricht. Die Zwischenversionen stellen die größten Meilensteine dar, die zur Verwaltung der Entwicklung des Zielsystems eingesetzt werden. Weiterhin werden Prototypen erzeugt, die zur Untersuchung alternativer Designs dienen, oder um ein genaueres Bild der Systemfunktionalität zu erhalten.

Schon früh im Entwicklungsprozeß können die einzelnen ausführbaren Versionen, entsprechend der Szenarien die während der Analyse erzeugt werden, von der Qualitätssicherung getestet werden. Daraus folgen Informationen bezüglich der Vollständigkeit, Korrektheit und Stabilität der entsprechenden Version. Diese Erkenntnisse werden während der Evolution der nächsten Version mit berücksichtigt. Reifere Versionen werden den Anwendern zur Verfügung gestellt, die daran bestimmte festgesetzte Funktionen ausprobieren können. Parallel zu den Systemversionen wird auch die Dokumentation entwickelt. Booch betrachtet die Dokumentation nicht als einzelnen großen Meilenstein, sondern „als natürlich, fast automatisch erzeugtes Nebenprodukt des Evolutionsprozesses".[1] Während der Evolutionsphase werden: der Mikro-Prozeß angewandt und Veränderungen verwaltet.

Die Entwicklung der einzelnen ausführbaren Versionen bedeutet, einen komprimierten Entwicklungsprozeß zu durchlaufen. Dabei handelt es sich eigentlich um einen Teil des Mikro-Prozesses. Zuerst wird die Anforderungsanalyse der Version durchgeführt, anschließend wird eine Architektur entworfen und schließlich werden Klassen und Objekte, die für die Implementierung des De-

---

[1] Booch 1994, S. 325

signs benötigt werden, eingeführt. Es ist wichtig eine Rückkopplung zwischen der entwickelten Version und dem ursprünglichen Versionsplan vorzunehmen, um notwendige Anpassungen bezüglich der Anforderungen und der Pläne für folgende Versionen durchzuführen.

Die Verwaltung von Veränderungen bezieht sich auf Veränderungen, die während der Evolution eines Systems häufig auftreten können, wie:

- Hinzufügen neuer Klassen oder neuer Formen der Kommunikation zwischen Klassen
- Veränderung der Implementierung einer Klasse
- Veränderung der Darstellung einer Klasse
- Reorganisation der Klassenstruktur
- Veränderung der Schnittstelle einer Klasse

Diese Veränderungen können verschiedene Ursachen haben und auch unterschiedlich hohe Kosten mit sich bringen.

Wartung

Bei dieser Phase handelt es sich um die Aktivität „die Evolution über die Auslieferung hinaus zu verwalten."[1] Dabei wird die Evolutionsphase weitgehend fortgeführt. Es werden in erster Linie lokale Veränderungen am System getroffen. Dabei werden Fehler eliminiert, die erst beim Einsatz des Systems entdeckt werden, und außerdem neue Anforderungen an das System hinzugefügt. Die Entwickler haben die Aufgabe, ständig Verbesserungen an dem existierenden System durchzuführen.

Die Ergebnisse der Wartung sind denen der Evolutionsphase ähnlich. Zusätzlich wird die Dringlichkeitsliste der neuen Aktivitäten geplant und verwaltet. Während der Wartung werden regelmäßig neue Produktions-Versionen und auch Zwischen-Versionen zur Fehlerbehebung erstellt.

---

[1] Booch 1994, S. 330

4.5 Vorteile und Risiken objektorientierter Softwareentwicklung

Beim Streben nach einer schnellen Entwicklung von marktorientierten, qualitativ hochwertigen Softwaresystemen, ist die Anwendung des objektorientierten Ansatzes zunehmend populär geworden, da eine ganze Reihe von Vorteilen damit verbunden sind.

Die Anwendung der objektorientierten Technologie bei der Softwareentwicklung kann eine effiziente Wiederverwendung von bereits erstellten Software-Komponenten (die in einer Klassenbibliothek enthalten sind) unterstützen. Dadurch wird nicht nur die Produktivität der Entwicklung erhöht, sondern auch die Entwicklungsdauer verkürzt. Außerdem läßt sich durch die Wiederverwendung der bereits getesteten Softwarekomponenten, der Testaufwand verringern und die Qualität des Softwaresystems wird dennoch entscheidend verbessert.

Wird ein Softwaresystem konventionell entwickelt, entsteht während des Übergangs von der Analyse- zur Designphase und oft auch beim Übergang zur Implementierung ein Bruch. Dieser Bruch, der auf die Verwendung unterschiedlicher Abstraktionsmechanismen und Entwicklungsmethoden zurückzuführen ist und der damit verbundene Informationsverlust, wird bei der objektorientierten Softwareentwicklung vermieden [1]. Bei objektorientierter Entwicklung werden in allen Phasen (Analyse, Design, Implementierung) durchgängig die gleichen Abstraktionsmechanismen und zwar Klassen und Objekte verwendet. Dadurch erfolgt der Übergang von einer Phase zur anderen reibungslos und die Ergebnisse einer Phase können direkt in die nächste übernommen und ohne Informationsverlust weiterverarbeitet werden.

Die Distanz zwischen Problemstellung und Programmcode wird durch die objektorientierte Technik verringert, da teilweise aus dem Anwendungsgebiet

---

[1] vgl. Schader 1994, S. 9

stammende physikalische Objekte oder Fachbegriffe direkt durch Klassen re-
präsentiert werden können. Außerdem wird durch die Fähigkeit der Objektorientierung die reale Welt abzubilden sowie die Anwendung des Prinzips der
Abstraktion, die Darstellung komplexer Systeme und die Kommunikation mit
Nicht-DV-Spezialisten entscheidend erleichtert.

Durch das Einordnen der Klassen in Vererbungshierarchien und durch die lose
Kopplung der Komponenten eines objektorientierten Systems, wird die Erweiterbarkeit und die Möglichkeit Änderungen durchzuführen erhöht. Das Softwaresystem ist also besser wartbar, die bei konventioneller Entwicklung extrem
hohen Wartungskosten können erheblich gesenkt werden.

Der Prozeß eines objektorientierten Softwareentwicklungsprojekts kann theo-
retisch nach jedwelchem Vorgehensmodell organisiert werden. Sollen die Vorteile des objektorientierten Ansatzes voll ausgeschöpft werden, ist der Einsatz
eines objektorientierten Vorgehensmodells notwendig. Durch das in Kapitel 4.4
beschriebene Vorgehensmodell kann die Entwicklung iterativ und inkrementell
durchgeführt werden und wird trotzdem überschaubar, nachvollziehbar, planbar
und kontrollierbar.

Die anhand des objektorientierten Vorgehensmodells schon früh entwickelten
Zwischenversionen des Systems, ermöglichen dem Anwender sich Schritt für
Schritt an das Softwaresystem zu gewöhnen und einzuarbeiten.

Außerdem werden diese einzelnen Systemversionen von der Qualitätssicherung getestet, dadurch werden die Schnittstellen des Systems zur Umgebung
in die es eingebettet werden soll wiederholt getestet, was die Wahrscheinlich-
keit einer Fehlerfreiheit erhöht.

Um aber in den Genuß all dieser Vorteile zu gelangen, muß der objektorientierte Entwicklungsansatz erst einmal eingeführt werden. Diese Aktivität läßt sich
leider nicht mit dem Erlernen einer neuen Programmiersprache vergleichen. Es
handelt sich um einen schwierigen Prozeß, bei dem alle Projektmitglieder
(Analytiker, Designer, Programmierer und nicht zuletzt die Manager) eine neue

Denkweise übernehmen müssen. Baudouin sagt: „die objektorientierte Entwicklung entspricht einer Drehung von 90° weg von den traditionellen Wegen der Entwicklung."[1]

Um Software-Komponenten wiederverwenden zu können, müssen wiederverwendbare Komponenten zur Verfügung stehen. Das heißt es müssen Klassenbibliotheken (interne und/oder externe) vorhanden sein die man nutzen kann. Leider ist das inhaltliche Angebot an Klassenbibliotheken noch nicht sehr reich. Anwendungsbezogene Klassenbibliotheken fehlen als externes Angebot fast ganz. Im wesentlichen werden nur zwei Gebiete abgedeckt: Datenstrukturen und Benutzerschnittstellen.[2]

Wiederverwendbare Softwarekomponenten sind nicht einfach ein Nebenprodukt der objektorientierten Softwareentwicklung. Um umfangreiche Klassenbibliotheken zu erhalten, müssen innerhalb des Softwareentwicklungsprojekts wiederverwendbare Klassen definiert und verwaltet werden. Dabei werden sowohl an die Entwickler als auch an die Projektleitung hohe Anforderungen gestellt. Das Betrachtungsfeld des Projektmanagements wird von dem zu entwickelnden Softwaresystem auf eine Bibliothek wiederverwendbarer Komponenten ausgeweitet.

Auch bei der Planung des Projekts ist ein dynamisches Projektmanagement gefordert. Das objektorientierte Vorgehensmodell enthält neue Unsicherheitsfaktoren und Abhängigkeiten die berücksichtigt werden müssen, die über das hinausgehen was bei konventionellen Projekten eine Rolle spielte. Dazu gehört beispielsweise die Zahl der Iterationsschritte, die erforderlich ist um zu der optimalen Klassenstruktur zu gelangen oder auch die Entscheidung, wann die Analyse abgeschlossen und das Design und später die Implementierung begonnen werden können.

Anhand dieser Umstellungen, die nicht nur den Lernaufwand sondern auch die Beschaffung geeigneter Tools betreffen, werden die Kosten des ersten objekt-

---

[1] Baudouin Nov. 1994/Jan. 1995, Software-Entwicklung, S. 37

[2] vgl. Enders 15/1992, Informatik-Spektrum, S. 258

orientierten Entwicklungsprojekts höher sein als bei konventioneller Entwicklung.

Diese höheren Startkosten werden sich allerdings nachhaltig positiv auf den Entwicklungsaufwand, die Qualität und damit letztendlich auf die Kosten von Nachfolgeprojekten auswirken.[1]

---

[1] vgl. Booch 1994, S. 362

5 Fazit

Begriffe wie Objektorientierung, Objektorientiertes System oder Objektorientierte Softwareentwicklung werden auch heute noch teilweise nur als Schlagworte mißbraucht um sich dem Trend der Zeit anzupassen. Um daraus mehr als nur ein wohlklingendes Verkaufsattribut werden zu lassen, müssen - neben der Bereitschaft aller Beteiligten vollkommen umzudenken - andere, fast noch wichtigere Voraussetzungen geschaffen werden. Eine der wichtigsten Voraussetzungen stellt wohl die Schaffung einheitlicher Standards und Normen dar.

Zur Festlegung von Normen im Bereich Objekttechnologie gründeten namhafte Softwareproduzenten eine Interessengemeinschaft, die OMG (Object Management Group). Eine erste Normung der OMG ist COBRA (Common Object Request Broker Architecture), ein Standard mit dem der Austausch von Objekten zwischen unterschiedlichen Anwendungen geregelt werden soll. Im PC-Bereich hat sich OLE (Object Linking and Embedding) von Microsoft als Firmenstandard zum Austausch von Objekten zwischen Windows-Anwendungen etabliert.[1]

Soll der objektorientierte Softwareentwicklungsansatz eingeführt werden, muß das Unternehmen die Softwareentwicklung als Investitionstätigkeit ansehen, bei der Werte entstehen, deren langfristige Ausnutzung anzustreben ist.

Bevor der objektorientierte Ansatz den Stellenwert am Markt erreicht, der ihm in der anfänglichen Euphorie eingeräumt wurde, ist in erster Linie vom Management, das die organisatorischen Rahmenbedingungen schaffen muß, noch ein langer Weg zu beschreiten.

---

[1] vgl. Tendrich Nov. 1994/Jan. 1995, Software-Entwicklung, S. 38f

Bildverzeichnis

Bild 1.1: Entwicklung der Hardware- und Software-Kosten   5

Bild 1.2: Teufelskreis der Software-Krise   7

Bild 2.1: Phasenablaufplan   18

Bild 2.2: Das Wasserfallmodell   30

Bild 2.3: Prototyping   37

Bild 2.4: Das Spiralmodell   40

Bild 3.1: Der Aufbau eines Objekts   45

Bild 3.2: Eine Klasse und zwei Objekte   46

Bild 3.3: Kommunikation zwischen Objekten   49

Bild 3.4: Ausschnitt aus einer Klassenhierarchie   51

Bild 3.5: Ausschnitt aus einem Netzwerk   52

Bild 4.1: Abgrenzung zwischen Analyse und Entwurf   65

Bild 4.2: Der Mikro-Prozeß   76

Bild 4.3: Der Makro-Prozeß   80

Literaturverzeichnis

Balzert, Helmut, 1982: Die Entwicklung von Software-Systemen: Prinzipien, Methoden, Sprachen, Werkzeuge. Mannheim u.a.: Bibliographisches Institut

Baudouin, Patrick, November 1994/Januar 1995: Objekttechnologie und die Ursünde. Software-Entwicklung, S. 37

Boehm, Barry W., 1986: Wirtschaftliche Software-Produktion. Forkel

Booch, Grady, 1994: Objektorientierte Analyse und Design: Mit praktischen Anwendungsbeispielen. Bonn u.a.: Addison-Wesley

Busch, Rainer, 15/1992: Projektmanagement für objektorientierte Software-Entwicklung. Informatik-Spektrum, 253-254

Coad, Peter / Yourdon, Edward, 1994: Objektorientiertes Design. München: Prentice Hall Verlag

Daenzer, Walter F. (Hrsg), 1985: Systems engineering: Leitfaden zur methodischen Durchführung umfangreicher Planungsvorhaben. Zürich: Verlag Industrielle Organisation

Denert, Ernst, 1991: Software-Engineering. Berlin u.a.: Springer

End, Wolfgang u.a., 1990: Softwareentwicklung: Leitfaden für Planung, Realisierung und Einführung von DV-Verfahren. Berlin u.a.: Siemens Aktiengesellschaft (Abteilung Verlag)

Enders, A. / Uhl, J., 15/1992: Objektorientierte Software-Entwicklung: Eine Herausforderung für die Projektführung. Informatik-Spektrum, 255-263

Fischer, W. E. u.a., 16/1993: Objektorientierte Datenbanksysteme. Informatik-Spektrum, , 67-67

Frühauf, Karol u.a., 1988: Software-Projektmanagement und Qualitätssicherung. Stuttgart: Teubner

Gladis, Ralf, 2/1993: Softwarearchitektur. PC Professionell, 199-204

Hesse, Wolfgang / Weltz, Friedrich, 3/1994: Projektmanagement für evolutionäre Software-Entwicklung. Information Management, 20-32

Hetzel-Herzog, Walter, 1994: Objektorientierte Softwaretechnik: Integration und Realisierung in der betrieblichen DV-Praxis. Braunschweig; Wiesbaden: Vieweg

Hickersberger, Arnold, 1993: Der Weg zur objektorientierten Software. Heidelberg: Hüthig

Jamin, Klaus, 1994: Das Software-Lexikon: 2000 Software-Begriffe praxisnah erläutert mit Beispielen für die wichtigsten Programmiersprachen. Renningen-Malmsheim: expert-Verlag, 3. aktualisierte Auflage

Küback, A. u.a., 15/1992: Prototyping in industriellen Software-Projekten: Erfahrungen und Analysen. Informatik-Spektrum, 65-77

Meyer, Bertrand, 1990: Objektorientierte Softwareentwicklung, aus dem Amerikan. übers. von Simonsmeier, W.. München; Wien: Hanser; London: Prentice Hall Internat.

Ott, Hans-Jürgen, 1991: Software-Systementwicklung: praxisorientierte Verfahren und Methoden. München; Wien: Hanser

Platz, Jochen / Schmelzer, Hermann J.. 1986: Projektmanagement in der industriellen Forschung und Entwicklung: Einführung anhand von Beispielen aus der Informationstechnik. Berlin u.a.: Springer

Raasch, Jörg, 1991: Systementwicklung mit Strukturierten Methoden: ein Leitfaden für Praxis und Studium. München; Wien: Hanser

Rothhardt, G. 1987: Praxis der Softwareentwicklung. Heidelberg: Hüthig

Schader, Martin / Rundshagen, Michael, 1994: Objektorientierte Systemanalyse: Eine Einführung. Heidelberg u.a.: Springer

Schulz, A., 4/1994: Software-Lifecycle- und Vorgehensmodelle. Angewandte Informatik, 137-141

Spillner, A., 17/1994: Kann eine Krise 25 Jahre dauern. Informatik-Spektrum; 48-52

Spitschka, Horst u.a., 1994: Betriebsinformatik: eine praxisorientierte Einführung; mit 120 Wiederholungsfragen. Remmingen-Malmsheim: expert Verlag; Ternitz: VMM-Verlag

Spitta, Thorsten, 1989: Software engineering und prototyping: Konstruktionslehre für administrative Softwaresysteme. Berlin u.a.: Springer

Stahlknecht, Peter, 1989: Einführung in die Wirtschaftsinformatik. Berlin; Heidelberg: Springer, 3. Auflage

Stein, Wolfgang, 1994: Objektorientierte Analysemethoden: Vergleich, Bewertung, Auswahl. Mannheim u.a.: BI - Wiss. - Verlag

Taylor, David A., 1992: Objektorientierte Technologien: Ein Leitfaden für Manager. Bonn u.a.: Addison Wesley

Tendrich, Burghardt, November 1994 / Januar 1995: OMA bringt Softwarestandards für Objekttechnologie. Software-Entwicklung, 38-39

Thaller, Georg Erwin, 1991:Software-Qualität: Entwicklung, Test, Sicherung. Düsseldorf u.a.: SYBEX-Verlag, 2. Auflage

Wirfs-Brock, Rebecca u.a, 1990: Designing Object-Oriented Software. Englewood Cliffs; New Jersey:Prentice Hall

Wirfs-Brock, Rebecca u.a., 1993: Objektorientiertes Software-Design, aus dem Amerikan. übers. von ADP Dripke Publikationen GmbH. München u.a.: Hanser; London: Prentice-Hall Internat.

Witt, Kurt-Ulrich, 1992: Einführung in die objektorientierte Programmierung. München; Wien: Oldenbourg

Zöller, Horst, 1991: Wiederverwendbare Software-Bausteine in der Automatisierung. Düsseldorf: VDI-Verlag

Wissensquellen gewinnbringend nutzen

Qualität, Praxisrelevanz und Aktualität zeichnen unsere Studien aus. Wir bieten Ihnen im Auftrag unserer Autorinnen und Autoren Wirtschafts-studien und wissenschaftliche Abschlussarbeiten – Dissertationen, Diplomarbeiten, Magisterarbeiten, Staatsexamensarbeiten und Studien-arbeiten zum Kauf. Sie wurden an deutschen Universitäten, Fachhoch-schulen, Akademien oder vergleichbaren Institutionen der Europäischen Union geschrieben. Der Notendurchschnitt liegt bei 1,5.

Wettbewerbsvorteile verschaffen – Vergleichen Sie den Preis unserer Studien mit den Honoraren externer Berater. Um dieses Wissen selbst zusammenzutragen, müssten Sie viel Zeit und Geld aufbringen.

http://www.diplom.de bietet Ihnen unser vollständiges Lieferprogramm mit mehreren tausend Studien im Internet. Neben dem Online-Katalog und der Online-Suchmaschine für Ihre Recherche steht Ihnen auch eine Online-Bestellfunktion zur Verfügung. Inhaltliche Zusammenfassungen und Inhaltsverzeichnisse zu jeder Studie sind im Internet einsehbar.

Individueller Service – Gerne senden wir Ihnen auch unseren Papier-katalog zu. Bitte fordern Sie Ihr individuelles Exemplar bei uns an. Für Fragen, Anregungen und individuelle Anfragen stehen wir Ihnen gerne zur Verfügung. Wir freuen uns auf eine gute Zusammenarbeit.

Ihr Team der Diplomarbeiten Agentur

Diplomica GmbH
Hermannstal 119k
22119 Hamburg

Fon: 040 / 655 99 20
Fax: 040 / 655 99 222

agentur@diplom.de
www.diplom.de